Arthur Leist
Georgische Dichter.
Georgische Volkslieder, Gedichte und Aphorismen.
Zusammengetragen um 1900

AF130815

SEVERUS Verlag

Leist, Arthur: Georgische Dichter. Georgische Volkslieder, Gedichte und Aphorismen. Zusammengetragen um 1900. 2018 Neuauflage der Ausgabe von 1900
ISBN: 978-3-95801-770-2

Umschlaggestaltung: Annelie Lamers, SEVERUS Verlag
Umschlagmotiv: Bildnachweis: freepik.com/pixabay.com

Bibliografische Information der Deutschen Nationalbibliothek: Die Deutsche Nationalbibliothek verzeichnet diese Publikation in der Deutschen Nationalbibliografie; detaillierte bibliografische Daten sind im Internet über https://dnb.de abrufbar.

Der SEVERUS Verlag ist ein Imprint der Bedey & Thoms Media GmbH, Hermannstal 119k, 22119 Hamburg

SEVERUS Verlag, 2018
http://www.severus-verlag.de
Gedruckt in Deutschland
Der SEVERUS Verlag übernimmt keine juristische Verantwortung oder irgendeine Haftung für evtl. fehlerhafte Angaben und deren Folgen.

Arthur Leist

Georgische Dichter

Georgische Volkslieder, Gedichte
und Aphorismen.
Zusammengetragen um 1900

Einleitung.

Die Georgier oder Karthweler (russisch Grusier) bewohnen eine nicht breite, ungefähr vierhundert Kilometer lange Landstrecke Hinterkaukasiens, die sich vom Schwarzen Meer bis an das Dagestan hinzieht und die Gebiete der Flüsse Tschoroch, Ingur, Tzechinis-Zchali und Rion im Westen, des Oberlaufes des Kur in der Mitte und der Jora und Alasan im Osten umfasst.

Georgien (Ssakarthwelo) ist malerisch in seiner Gesamtheit, während viele seiner Gebirgslandschaften paradiesisch genannt zu werden verdienen. Seine Natur ist höchst verschiedenartig. In den Niederungen am Schwarzen Meere, im alten Kolchis, hat sie einen fast tropischen Charakter, in Kartalinien und Kachetien erinnern Klima und Pflanzenwelt an Oberitalien, aber diese Milde schwindet schon in den mittelhoch gelegenen Gegenden, wo die Natur oft unwirtlich und nordisch rauh wird.

Bis ins Hochgebirge reichen jedoch nur wenige seiner Gaue, wie das hohe Adscharien, Swanetien, Chewsurien, Tuschetien und Pschawien, so dass Georgien im grossen und ganzen ein südliches Gepräge besitzt.

1

Die Schneegipfel des Hochgebirges schauen wie aus einer fremden Welt in die lachenden Landschaften hernieder und ihre stellenweise von minder hohen Bergen durchbrochene Kette bildet gewissermassen den Rahmen dieses irdischen Paradieses. In den meisten Gegenden des Landes gedeiht der Weinstock, üppige Obstgärten umgeben Dörfer und Weiler und dichte Laubwälder bedecken die Berge bis in die Nähe der Gipfel, um die herum grüne Halden prangen. Dort hausen in den Sommermonaten die Sennen mit ihren Herden und führen, unberührt von der Kultur unserer Zeit, ein urwüchsiges Naturleben, das seit Jahrhunderten, von Geschlecht zu Geschlecht, dasselbe geblieben.

Dort auch hallen noch von Berg zu Berg die schönsten georgischen Volkslieder in einer biblisch schlichten Sprache und beim Nachtfeuer erzählen Greise alte Sagen, deren manche so alt sind wie die Burgen und Kirchen, die als ehrwürdige Denkmäler der fernen Vorzeit auf hohen, oft nur von einer Seite zugänglichen Berggipfeln im heitern Sonnenglanze stehen.

Rauh wie die Natur ist auch das Leben im Oberland, während es im Unterland, wo der Weinstock und die Zypresse grünt, mild und heiter wird. Hier währt der Winter nur wenige Wochen, der Frühling kehrt meistens schon im Februar ein, aber er entfaltet seine Reize nur langsam, gelangt nicht zur schwellenden Pracht des Nordens und schlägt oft schon im April in einen heissen Sommer um, der bis in den September hinein dauert. Die schönste

Zeit in Georgien ist der Herbst, der bei heiterm Himmel und warmem Sonnenschein eine das Auge entzückende Farbenpracht mit sich bringt und das herrliche Panorama der fernen Schneeberge oft viele Tage lang in unverdüsterter Klarheit zeigt.

Die Natur geizte nicht mit ihren Gütern bei der Ausstattung dieses Landes und versagte auch seinen Bewohnern keine der Gaben, die sie ihren Lieblingen zu verleihen pflegt.

Die Georgier gehören zu dem schönsten und edelsten Menschenschlage der kaukasischen Rasse; die Männer sind schlank und stattlich, gewandt und vornehm in ihren Bewegungen, die Frauen oft schön, meistens hübsch und stattlich, anmutig und zart.

Das ganze Volk, vom Fürsten bis zum Bauer, zeichnet sich durch vornehmes Wesen und anziehende Gemütsart aus; der Georgier ist der Gentleman unter den Morgenländern. Er ist ritterlich und stolz, ohne Hochmut, geistreich und heiter, leichtsinnig und unbeständig, genusssüchtig und träge, gastfrei und gutmütig.

Zwei Jahrtausende lang führten die Georgier ein bewegtes, schweres Kriegerleben im Kampfe mit Persern und Türken, Lesgiern und Tataren. Oft unterlagen sie ihren Feinden, oft drang schon der Islam in ihr nationales Leben ein, aber immer wieder retteten sie ihre Eigenart und mit dieser ihren christlichen Glauben, für den sie im Laufe der Jahrhunderte reiche Ströme ihres Blutes vergossen.

Kreuz und Schwert waren gewissermassen die Wahrzeichen ihrer geschichtlichen Vergangenheit.

Im unaufhörlichen Unfrieden und Fehdeleben geriet ihre Kulturentwicklung oft in ein lange währendes Stocken, die Wohlfahrt des Landes erreichte nur im elften und zwölften Jahrhundert eine ansehnliche Höhe und war niemals kräftig genug, um eine über die Grenzen des Landes hinaus wirkende Kulturarbeit zu unterstützen. Handel und Gewerbe gediehen mühsam und genügten immer nur den notwendigsten Bedürfnissen urwüchsigor, an grosse Entbehrungen gewöhnter Menschen.

Die kirchliche Kunst, die einzige, welche die vormaligen Georgier kannten, blieb viele Jahrhunderte lang bei byzantinischen Mustern der frühesten Zeit stehen und kam besonders in der Wandmalerei nur wenig über diese hinaus. Nur in den Basreliefs mancher Kirchen zeigt sich eine gewisse Eigenart und Selbständigkeit der Motive.

Reicher entwickelte sich die poetische Schaffenskraft, die im Laufe von anderthalb Jahrtausenden zwar oft gänzlich zu versiegen schien, aber doch von Zeit zu Zeit wieder Lebenszeichen von sich gab, bis sie um die Mitte des neunzehnten Jahrhunderts zum beständigen Ausdruck kam und seitdem manches Werk von Wert erzeugt hat.

Mit der Einführung des Christentums im vierten Jahrhundert kam Georgien unter den Einfluss der Byzantiner, die für lange Zeit ihrem gesamten Kulturleben ihr Gepräge verliehen. Die höhere Geistlichkeit bestand in jener Periode meistens aus Griechen, alle Bildungsmittel kamen aus Byzanz, mit welchem Georgien auch politische und Handels-Beziehungen unterhielt. Selbstverständlich galten die Anfänge des Schrifttums der Befestigung des neuen Glaubens. In den Grenzen der kirchlichen Lehre verblieb es mehrere Jahrhunderte lang, während welcher nicht ein einziges Werk weltlichen Charakters entstand. Da die Bekehrung des Landes friedlich ohne Anwendung von Gewaltmitteln vor sich ging, fügten sich die Georgier dem griechischen Einflusse ohne Widerstreben und es ist anzunehmen, dass ihre Anhänglichkeit an die früheren Zustände und die Lehren der Zoroasterschen Lichtreligion schon nach wenigen Geschlechtern verloren war. Auf diese Weise versank die heidnische Vorzeit Georgiens bald in Vergessenheit und mit ihr die Begebenheiten und Geschehnisse seines Heldenzeitalters. Von einer Verherrlichung desselben in Gesängen fehlt jegliche Spur und auch die Überlieferungen sind so mangelhaft, dass jene Urzeit des georgischen Volkes in ein undurchdringliches Dunkel gehüllt erscheint. Wenn man jedoch die Lust der Georgier zum Fabulieren und ihren Reichtum an verhältnismässig alten epischen Volksliedern in Betracht zieht, fühlt man sich zur Annahme berechtigt, dass sie in der Jugendzeit ihres geschichtlichen Daseins ihren poetischen Sagenkreis besassen und dieser unter dem Einfluss der byzantinischen Kultur in Vergessenheit geriet. Die Umstände, welche in Persien das Aufblühen einer Nationalepik hervorriefen, fehlten in Georgien und doch ist nicht zu zweifeln, dass in seiner heidnischen

Vorzeit der reichste Stoff zu einer solchen vorhanden war.

Das älteste Schriftdenkmal in georgischer Sprache ist die Übersetzung der Bibel, der sich bald Bearbeitungen zahlreicher Werke religiösen Inhalts anschlossen, so dass in verhältnismässig kurzer Zeit ein beträchtlicher Teil der urchristlichen Litteratur für die georgische Geistlichkeit zugänglich wurde. Vom 6. bis zum 11. Jahrhundert entwickelte sich in allen Provinzen des Landes ein reges kirchliches Leben und mehrere der an vielen Orten errichteten Klöster wurden zu Pflegestätten der Wissenschaft mit Schulen zur Fortbildung der Geistlichkeit. Besondere Bedeutung hatten in dieser Hinsicht die ausserhalb des Landes gestifteten georgischen Klöster und zwar die auf dem Berge Athos, auf dem Sinai und in Jerusalem, wo viele georgische Mönche ihre Ausbildung genossen und schriftstellerisch thätig waren. Die Spuren ihres Schaffens sind noch heute in zahlreichen alten Handschriften erhalten. Ausser den Schriften der Kirchenväter befinden sich darunter Lebensbeschreibungen der Heiligen und Predigten, sowie liturgische Werke. Ziemlich umfangreich sind das „Leben der heiligen Nino", der Bekehrerin Georgiens und das „Leben des heiligen Abo", aber da diese Lebensbeschreibungen meistens erst lange nach dem Tode des betreffenden Heiligen abgefasst wurden, ist ihr geschichtlicher Wert nur ein geringer.

Die eifrigsten Förderer der kirchlichen Wissenschaft im elften Jahrhundert waren der heilige Johannes von Artanudschi, der heilige Euphenius und Georg Mtazmindeli, deren jeder eine bedeutende Anzahl theologischer Schriften ins georgische übersetzte.

In demselben Jahrhundert schrieb König David, der Erneuerer, seine Busslieder, eine Nachahmung der Psalmen Davids. Das von ihm erhaltene „Testament", eine an sein Volk gerichtete Mahnrede, enthält weise Hindeutungen auf die Eitelkeit aller irdischen Dinge und Warnungen vor Hochmut und Selbstüberhebung.

Mit David, dem Erneuerer, beginnt für Georgien die höchste Glanzzeit seiner geschichtlichen Vergangenheit. Diese glückliche Periode dauerte ungefähr anderthalb Jahrhunderte und endete mit dem Tode der Königin Tamar, der Urenkelin Davids, im Jahre 1212. In Folge mehrerer glücklicher Feldzüge, die dem georgischen Staate nicht nur Gebietserweiterungen, sondern den damaligen Sitten zufolge auch reiche Beute einbrachten, steigerte sich natürlich der materielle Wohlstand des Landes und seine Kultur entwickelte sich und gedieh rascher und nachhaltiger als in früheren und späteren Jahrhunderten. Von einer reichen Thätigkeit auf volkswirtschaftlichem Gebiete zeugen unter anderem die vielen damals aufgeführten Burgen und Kirchen, deren grösster Teil noch heute besteht. Allerdings scheint es, dass die Entstehung mancher dieser Baue fälschlich in Tamarens Zeit verlegt wird, aber der Umstand, dass man dieser Königin in späteren Jahrhunderten alle bedeutenderen Schöpfungen zuschrieb, deren Entstehungszeit ungewiss war, beweisst, wie thatenreich ihre Regierung gewesen und welches Ansehen sie bei der nächsten Nachkommenschaft genoss.

Auch die geistige Kultur der Georgier stand in dieser Zeit auf einer verhältnismässig hohen Stufe. Die Zahl der Schulen wurde bedeutend vermehrt und nach der sich nun äussernden litterarischen Schaffenskraft zu urteilen, muss die geistige Bildung Gemeingut eines nicht geringen Teiles der Bevölkerung gewesen sein. Die aus dieser Periode erhaltenen Werke sind allerdings nicht zahlreich, aber als Kulturdenkmäler von hoher Wichtigkeit. Ihr Gesamtcharakter deutet auf eine umfangreiche, wenn auch vielleicht nicht vielseitige litterarische Produktion. Die wenigen auf uns überkommenen epischen Dichtungen dieser Zeit waren ohne Zweifel nur die kräftigen Eichen im Dichterwalde, um die herum eine entsprechend reiche Lyrik blühte, die später spurlos verloren ging. Die aus der Epoche der Königin Tamar erhaltenen Epen gleichen in vielem den Erzählungen, an denen sich die europäischen Völker nach den Kreuzzügen ergötzten. Wie diese sind sie reich an märchenhaften Geschehnissen und Thaten und wiederum arm an Schilderungen der Wirklichkeit, obgleich hier und da ein derber Realismus hervortritt, der an Bocaccios Dekameron erinnert. Die Erzähler beschäftigen sich nur mit dem äusserlichen Leben der Menschen und weichen mit naivem Kindersinn allem Grübeln aus. Die Geheimnisse der Menschennatur, sowie die Rätsel des Daseins sind ihnen unbekannt und unerreichbar wie die Sterne am Himmel.

Von Poesie ist in ihnen wenig zu finden, denn sie waren wohl meistens nach byzantinischen Schablonen gefertigt und von Poesie war im verknöcherten Byzantinertum keine Spur vorhanden.

Andererseits trifft man in diesen Erzählungen, die nicht streng genommen, romans d'avanture in orientalischem Gewande sind, recht interessante Schilderungen des zeitgenössischen Lebens, aber natürlich nur in seinen oberflächlichen Äusserungen. Die aus dem in Rede stehenden Zeitalter erhaltenen epischen Werke sind folgende:

Der Moses Choneli zugeschriebene Ritterroman „Amiran Daredschaniani," welcher Dank seinem Bilderreichtum aus dem Hofleben des damaligen Georgien für die Kulturgeschichte sehr belangreich ist. „Wisramiani," eine sehr umfangreiche Erzählung wird dem Sarkis Tmogweli zugeschrieben und ist eine prosaische Bearbeitung der altpersischen Dichtung „Wis und Ramin".

Der Ritterroman „Dilariani" soll nach dem Zeugnis späterer Schriftsteller gleichfalls von ihm verfasst worden sein.

Ein höchst überschwengliches Lobgedicht auf die Königin Tamar schrieb im Jahre 1192 der Dichter Schawteli. Dasselbe mag unserem heutigen Geschmack wenig zusagen, aber in stylistischer und sprachlicher Hinsicht ist es für den Litterarhistoriker von hoher Wichtigkeit. Eine ähnliche Ode auf die auch in Volksliedern vielbesungene Königin Tamar schrieb Tschachruchadse.

Das bedeutendste Werk des ganzen Zeitalters ist „Wepchwis Tkaossani" (der Mann im Tigerfelle) von Schota Rustaweli. Es ist dies eine gross angelegte, in vortrefflicher Sprache abgefasste Dichtung, die noch heute viel gelesen und gepriesen wird. Für den europäischen Durchschnittsleser mag sie ihres mittelalterlichen Gepräges wegen viele Mängel besitzen, aber für den Forscher ist sie eine reiche Fundgrube ethischen, völkerpsychologischen und kulturgeschichtlichen Stoffes.

Der Dichter, welcher der Überlieferung nach Schatzmeister der Königin Tamar war, verlegt zwar den Schauplatz seiner Schilderungen in ferne Länder, aber ohne Zweifel gelten diese im grossen und ganzen seinem Vaterlande und haben trotz aller Verhüllungen und Überschwenglichkeiten den Wert der Wirklichkeit.

Wenn man die in den „Lusiaden" oder im „Rasenden Roland" vorkommenden Unnatürlichkeiten mit denen des „Mannes im Tigerfelle" vergleicht, wird man das letztere Werk gewiss nachsichtig beurteilen, umsomehr, da es um drei bis vier Jahrhunderte früher entstand als jene.

Rustaweli ist kein naiver Plauderer, der zur Kurzweil seiner Zeitgenossen phantastische Wundergeschichten erzählt. Er will nicht nur unterhalten, sondern auch belehren und das Ideal, welches ihm vorschwebt, ist edle Sittlichkeit. Auch geht er am Seelenleben der Menschen und den Rätseln des Daseins nicht gleichgiltig vorüber und wenn er sich auch keinen tiefen Betrachtungen über dieselben hingiebt, zeigt er doch, dass er ein ernsthaft denkender Mensch ist und für Kultur und Erkenntnis die grösste Hochachtung besitzt. Der Auf- und Ausbau seiner grossartigen Dichtung ist kunstvoll in hohem Grade, so dass dieselbe auch in Hinsicht der Form als ein klassisches Werk angesehen werden darf.

Die weitschweifige Fabel ist zwar oft ermüdend, aber auch reich an realistischen Scenen aus dem zeitgenössischen Hof- und Volksleben, die nicht oberflächlich skizziert sind, sondern alle charakteristischen Einzelheiten enthalten und vollständige Bilder abgeben. Auch findet man im „Mann im Tigerfelle" weise Betrachtungen über menschliche Dinge und einen stark hervortretenden Zug edler Menschlichkeit, wie sie im Morgenlande nur bei den grössten Dichtern des persischen Mittelalters anzutreffen ist. Selten und nur oberflächlich sind dagegen die Naturschilderungen, woraus hervorgeht, dass unter den damaligen Georgiern das Naturgefühl noch sehr wenig entwickelt war.

Die unmittelbaren Einflüsse, welche die georgische Litteratur im 12. und zu Anfang des 13. Jahrhunderts von anderen Litteraturen empfing, sind meiner Meinung nach auf die griechisch-byzantinische und die persische zu beschränken, während jede andere Beeinflussung nur mittelbarer Art war und durch diese beiden Schrifttümer ihren Weg nach Georgien fand.

Nach dieser kurzen Blütezeit erfuhr das Land schwere Heimsuchungen und die Entwicklung seines

Kulturlebens geriet in ein mehrere Jahrhunderte
währendes Stocken.

Die Mongolen, dann Timur und im 17. Jahrhundert Schah Abbas I. von Persien verwüsteten
es mit Feuer und Schwert und vernichteten fast
gänzlich die Schöpfungen der früheren Kulturarbeit.
Im Jahre 1469 zerfiel Georgien in drei Königreiche
und fünf Fürstentümer, so dass seine einheitliche
Macht gebrochen war.

In diesen Zeiten der Bedrängnis fristete die
Litteratur ein höchst kümmerliches Dasein und die
wenigen Werke, welche vom 13. bis 17. Jahrhundert
das Licht der Welt erblickten, sind nichts weiter
als langatmige, von Unwahrscheinlichkeiten strotzende
Erzählungen, die auf die Fortentwicklung des geistigen
Lebens wenig oder gar keinen Einfluss haben konnten.

Aus derselben Epoche stammen auch einige rechts-
wissenschaftliche und geschichtliche Litteraturdenk-
mäler wie die Gesetze des Königs Georg V., die
kirchlichen Statuten des Katholikos Arsenius, desselben Geschichte der imeretischen Könige, die Geschichte des Einfalles der Tataren in Georgien vom
Mönche Daniel u. a. Die bedeutendste Geschichts-
quelle ist die Chronik „Karthlis Zchowreba" (das
Leben Georgiens), welche nach den Darlegungen des
georgischen Litterarhistorikers Alexander Chachana-
schwili vor dem Jahre 1605 abgefasst wurde.

Die Wiederbelebung der georgischen Litteratur
beginnt gegen Ende des 17. Jahrhunderts und zwar
waren es Könige wie Artschil, Teymuras I. und II.,
Wachtang VI., der Katholikos Anton und Prinz

Wachuschti, welche ihren neuen Emporgang durch eigenes schriftstellerisches Wirken hervorriefen und förderten. König Artschil von Kartalinien und Imeretien verfasste unter anderem in gebundener Rede ein Werk über das Leben und Wirken des Philisophen und Rhetoren Königs Teymuras I. Dieser übersetzte das Epos „Wepchwis Tkaossani" (der Mann im Tigerfelle) ins griechische und schrieb ausserdem mehrere längere Dichtungen. König Teymuras II. und die Prinzen Johannes, Dawid und Teymuras schrieben theologische, philosophische und geschichtliche Abhandlungen.

Unter den Dichtern des 18. Jahrhunderts war der hervorragendste Dawid Guramischwili, der ausser einer Anzahl klassisch trockener Gedichte eine längere Dichtung schuf, in welcher er in den düstersten Farben und in erschütternder Sprache die Lage seines Vaterlandes schilderte, welches damals durch unaufhörliche Bürgerkriege zerrüttet ein Zankapfel für Perser und Türken geworden war. Den Hauptvorwurf seiner Dichtung bildet das Leben und Wirken des Königs Wachtang VI., der sich um die Hebung der Kultur seines Vaterlandes besonders verdient machte. Er gründete die erste Druckerei in Tiflis, gab ein unter dem Namen „Statuten des Königs Wachtang VI." bekanntes Gesetzbuch heraus und schrieb ausserdem ein Werk über das Verwaltungswesen des damaligen Georgiens.

Sein Zeitgenosse Sulchan Arbeliani, welcher längere Zeit Europa bereiste und eine umfangreiche Bildung besass, ist bekannt als Verfasser eines georgischen Wörterbuches und einer Fabelsammlung „Das Buch der Weisheit und Lüge," das im Volkston gehalten, sich durch frische Laune auszeichnet und an Hans Sachs' Schwänke erinnert. Wertvoll ist die aus derselben Zeit stammende „Beschreibung Georgiens" vom Prinzen Wachuschti, dem Sohne Wachtang VI.

Als Verfasser der ersten georgischen Sprachlehre ist noch der Katholikos Antonius I. zu erwähnen, der das Schrifttum seiner Heimat auch durch Übersetzungen mehrerer wissenschaftlicher Werke bereicherte.

Die Lyrik des 18. Jahrhunderts ist nicht bedeutend, aber doch sind in derselben nicht wenig höchst eigenartige Gedichte zu finden, deren Verfasser meistens königliche Prinzen und Prinzessinnen waren. In Folge innerer Fehden und fortwährender Einfälle der Perser, Lesgier, Tataren und Türken konnte natürlich auch im 18. Jahrhundert von einem regeren geistigen Leben keine Rede sein, aber die damals gemachten Anstrengungen zur Weckung desselben zeugen immerhin von einer gewissen Spannkraft der georgischen Volksseele.

Im Jahre 1801 erfolgte die Vereinigung Georgiens mit Russland und die georgische Litteratur kam nun unter eine für sie völlig neue Beeinflussung, deren Wirkung sich jedoch erst nach Verlauf mehrerer Jahrzehnte zu äussern begann.

Durch die Vermittlung der russischen Litteratur drangen allmälig die geistigen Strömungen des Abendlandes in Georgien ein, vor seinen Bewohnern that sich eine unbekannte, weite Welt auf, die einen so mächtigen Reiz auf sie ausübte, dass sie mit Neugier und Hast sie kennen zu lernen strebten. Dieses Verlangen löste bald die Banden, die das georgische Geistesleben mehrere Jahrhunderte hindurch an das Morgenland oder eigentlich an Persien geknüpft hatten.

Der letzte Dichter, der noch im Sinnentaumel der an Verweichlichung und Altersschwäche hinsiechenden morgenländischen Poesie schwelgte, war Alexander Tschawtschawadse, ein Lyriker, dem es nicht an Leidenschaft, wohl aber an Frische und Natürlichkeit gebrach. Er besang vor allem Liebe und Wein. Mit seiner kräftig hervortretenden Lebenslust war er ein echter Georgier und fand auch in manchen seiner Lieder den Volkston, sowie jene sinnliche Stimmung, die der Überreizung gleichkommt, aber bei Weingelagen für natürlich gilt. Lange wurden dieses Dichters Lieder beim Spiel des Tari und anderer Instrumente gesungen und auch heute haben sie für Freunde altgeorgischer Gesangskunst ihren Reiz noch nicht verloren.

Sein Zeitgenosse, der gleichfalls in den vierziger Jahren verstorbene Nikolaus Barataschwili, stand dem morgenländischen Geiste schon teilweise fremd gegenüber und trug eine elegische Stimmung zur Schau, für die im georgischen Gemüt wenig Stoff zu finden ist. Seine pessimistische Weltanschauung mag auf sein an bitteren Enttäuschungen reiches Leben zurückzuführen sein, während mir die Ansicht mancher Georgier, Barataschwili habe unter dem

Einfluss des Byronismus gestanden, unbegründet zu
sein scheint. Im ganzen atmen seine Gedichte trotz
mancher fremden Töne den Geist seiner Heimat, die
er leidenschaftlich liebte und prächtig zu schildern
verstand. Die Natur Georgiens sowie sein eigenartiges Volksleben bilden meistens den Untergrund
seiner gefühlreichen, in schwungvoller Sprache ge-
schriebenen Gedichte, die von seinen Landsleuten
sehr hoch geschätzt und mit Vorliebe gelesen werden.

Der ersten Hälfte unseres Jahrhunderts gehört
eigentlich noch Gregor Arbeliani an, der zwar erst
im Jahre 1883 starb, aber nur in seiner Jugend
dichtete und der später eingetretenen neuen litterarischen Strömung ganz fern stand. Er war mehr
Sänger als Dichter, ein herrlicher Liebling der
Musen, der, wenn er ein Lied anstimmte, durch seine
feierliche, wuchtige Sprache, durch Tiefe der Empfindung und Farbenpracht der Bilder alle begeisterte.
Georgiens Sonnenglanz, die Schönheit seiner Natur
und viele anziehende Gemütseigenschaften seines
Volkes finden sich verklärt in seinen Liedern wieder.

Gregor Arbeliani war in der georgischen Litteratur
der letzte der romantisch angehauchten Idealisten,
während die nun folgenden Dichter sich immer mehr
der Wirklichkeit nähern und weniger die Lebensfreude,
als den Ernst des Lebens besingen. Mit dem Vor-
drang der Kultur stellten sich viele, den Georgiern
bis dahin unbekannte Lebenssorgen ein, und wenn
es auch noch keinen Kampf ums Dasein gab, wie in
andern Ländern, galt es doch durch Bildung und
Arbeit einen bürgerlichen Beruf zu erlangen, dessen

Ausübung die Ernüchterung von selbst mit sich brachte. Bis in die sechziger Jahre führten die meisten georgischen Gutsbesitzer ein sorgloses Schlaraffenleben und einer rücksichtslosen Genusssucht hingegeben lebten sie in den Tag hinein. Da trat Elias Tschawtschawadse auf und hielt ihnen in seinem ersten Roman „Kazia adamiani?" (Ist das ein Mensch?) den Spiegel ihres Lebens vor. Sein auf genaue Beobachtung gegründetes Sittenbild wirkte nicht nur aufregend, sondern auch ernüchternd und die Wirkung, die es hervorbrachte, war nachhaltig. Der Gutsbesitzer Luarhsab, der Hauptheld dieser höchst interessanten Erzählung ist ein Mensch, der keine andern Bedürfnisse kennt als die des Leibes, ein urwüchsiger Materialist, der nicht einmal fähig ist, sein Gut zu bewirtschaften und sein Besitztum durch Trägheit und Nachlässigkeit zu Grunde richtet. In der „Erzählung eines Bettlers" schildert Elias Tschawtschawadse ähnliche Zustände. Er ist der Schöpfer des Sittenromans in Georgien und lenkte auch die Poesie auf eine neue Bahn, indem er sie zur Dolmetscherin der heimatlichen Ideenwelt machte und eng mit dem wirklichen Leben verknüpfte. Edle Menschlichkeit und Heimatsliebe findet man in fast allen seinen längeren oder kürzeren Gedichten wieder. Diese enthalten ein grossartiges Stück georgischen Lebens aus Vergangenheit und Gegenwart. Elias Tschawtschawadse ist jedoch kein Schönheitsfärber. Seine Ideen und Gedanken sind oft sogar pessimistisch und mit logischer Schärfe geisselt er die Makel und Gebrechen seiner Landsleute. Dabei ist

er ein Meister der Sprache und begeisterter Natur-
freund, der die Schönheiten seiner Heimat in schwung-
vollen, farbenreichen Versen schildert, aber nie über-
schwenglich wird und mit der morgenländischen
Phantasiewelt nichts zu schaffen hat.

In seinen längeren Dichtungen behandelt er ent-
weder geschichtliche Stoffe oder solche aus der
jüngsten Vergangenheit, die er mit eigenen Augen
sah und durchlebte. Wie alle georgischen Dichter
ist er ein gediegener Kenner des Landlebens, dem
er auch mit Vorliebe seine Feder widmet. Land-
junker, Wirtschaftsbeamte, Bauern und Hirten sind
ihm gute Bekannte und er erzählt ihr Schalten und
Walten mit einer Gewandtheit und Naturtreue, wie
sie nur ein Künstler und geistreicher Beobachter zu
schildern im stande ist.

Fast gleichzeitig mit Elias Tschawtschawadse
begann Akaki Zereteli seine schriftstellerische Lauf-
bahn. Um diesen begabten Dichter richtig zu kenn-
zeichnen, müsste man ihn eigentlich einen Trubadur
nennen, da er in seinen, mehrere Bände anfüllenden,
Gedichten in der That als „Finder" erscheint und
meist ein Wanderleben führend den Liederstoff dem
Leben entnimmt, wie ihn die Gelegenheit bietet.
Wie jene Sänger des Mittelalters ist er vor allem
Lyriker und besingt alle Regungen des Menschenherzens, von Liebe und Lebenslust bis zu Hass und
Trauer. Sein treuester Begleiter ist ein natürlicher,
echt georgischer Humor, der ihm die Schwächen und
Untugenden seiner Landsleute auf ergötzliche Weise
bespötteln hilft. Selbst ein feiner Beobachter und

witziger Redekünstler ist er ein enthusiastischer Bewunderer Shakespeares, dessen genaue Bekanntschaft ihm die Wege zeigte, die zur Erkenntnis des menschlichen Gemütes führen. Dieses zu erkennen, hatte er in seinem wechselvollen Leben reichlichste Gelegenheit, denn er ist kein Stubendichter, sondern ein Lebemann, der alle Winkel seines Heimatlandes kennt, in Stadt und Land, bei Schmaus und Gelage, bei Trauer und Kummer, mit den verschiedensten Charaktergestalten in Berührung kommt und tagtäglich die buntesten Eindrücke empfängt.

Ihrem Ursprung und Wesen nach haben seine Dichtungen ein realistisches Gepräge, aber oft ist ihr poetischer Zauber geradezu hinreissend und der hehre, feierliche Ton, den er da anschlägt, klingt wie ein weihevolles, an die ewige Schönheit gerichtetes Gebet aus.

Ausser vielen lyrischen Gedichten schrieb Akaki Zereteli auch mehrere Epen, unter denen „Eristawi Torniki" besonders hervorzuheben ist. Sein Drama „Tamar Zbieri" (die tückische Tamar) behandelt eine bewegte Episode aus der Vergangenheit Georgiens und zeichnet sich durch ein reiches Kolorit und schwungvolle Sprache aus.

Neben Elias Tschawtschawadse und Akaki Zereteli, die, obgleich sie verschiedene Richtungen verfolgen, auf dem georgischen Parnass der Gegenwart an erster Stelle stehen, ist vor allen andern eine kleine Schar von begabten Dichtern zu erwähnen, die auf die Volkspoesie gestützt, eine Art Dichtung pflegen, die das echt georgische Wesen in Natur und Menschenleben zum Ausdruck bringen.

Der älteste von ihnen, Rafael Eristawi, besingt hauptsächlich das Landleben der Ebene, nämlich derjenigen Gegenden, wo der Bauer Ackerbau treibt und sein Leben trotz aller Mühen kein allzu beschwerliches ist. Das Verhältnis der Menschen zu der sie umgebenden Natur und auch diese selbst schildert er in wahrheitsgetreuen Bildern, die nur mitunter etwas zu trocken ausfallen, weil der Dichter zu wenig Stimmung hinein legt. Interessant sind sie aber jedenfalls, um so mehr, da Rafael Eristawi die ländlichen Sitten und Gebräuche vortrefflich kennt und seine beschreibenden Gedichte mit Einzelheiten ausschmückt, die eines gewissen charakteristischen Reizes nicht entbehren.

In höheren Regionen der Dichtkunst und der Natur wandeln die beiden Dichterbrüder Lukas und Nikolaus Rasikaschwili, die fast ausschliesslich ihr heimatliches Hochland besingen. Beide sind Naturdichter von urwüchsiger Kraft, biblischer Schlichtheit und einer instinktiv pantheistischen Weltanschauung. Beide wurzeln in der Natur, die Erde ist ihnen eine bekannte Mutter wie allen Menschen, die die Kultur der Natur noch nicht entfremdet hat. Der bedeutendere von beiden ist Lukas, der Verfasser mehrerer episch-lyrischer Dichtungen, die eine kraftvolle, unmittelbare Poesie atmen und in grossartigen Bildern Natur und Menschen einer auch im kaukasischen Hochgebirge schon dahinschwindenden Patriarchenwelt schildern.

Ausser den genannten hat der georgische Parnass in der Gegenwart noch eine Reihe von Dichtern und Dichterinnen aufzuweisen, die zwar hie und da poetische Begabung an den Tag legen, aber im allgemeinen der typischen Eigenart entbehren, durch die sich die georgische Poesie bisher so vorteilhaft auszeichnete. Die meisten von ihnen sind Nachahmer und pflegen eine persönliche, von einem künstlichen Pessimismus angehauchte Lyrik, die wenig interessante Züge enthält und zum georgischen Volksleben in keiner unmittelbaren Beziehung steht.

Trotz dieser ungünstigen, vielleicht nur vorübergehenden Erscheinung, pulsiert die poetische Ader des georgischen Volkes immer noch stark und kraftvoll und wenn die jungen Dichter ihre Blicke wieder ihrer naturschönen Heimatswelt und deren eigenartigem Leben zuwenden, wird dem georgischen Parnass noch manche herrliche Blüte entspriessen. Ursprünglichkeit ist sehr viel und eben weil die georgischen Dichter bisher nur von ihr ausgingen, schufen sie eine so eigenartige, nirgends anderswo in derselben Ausprägung wiederkehrende Nationalpoesie, die es wohl verdient, im Bildersaal der Weltlitteratur einen bescheidenen Ehrenplatz zu erhalten. Jede Kunst, wenn sie wirklich Kunst ist, ist unersetzlich, besonders wenn sie einen eigenartigen, individualistischen Charakter besitzt, worauf Herder, der am klarsten blickende Ästhetiker der Neuzeit, so hohen Wert legte.

Es giebt kleine Kulturvölker, deren dichterische Erzeugnisse ein so wenig gemeinsames Gepräge zeigen, dass ihre Litteratur schwerlich als ein Ganzes betrachtet werden kann, während die georgische Poesie ein in allen seinen Bruchteilen gleichartiges Gemälde bildet, das von einem grossen Dichter her rührt — dem ganzen Volke. Ein Dichtervolk sind die Georgier im wahren Sinne des Wortes.

Die neuzeitige Erzählungslitteratur der Georgier entstand vor ungefähr dreissig Jahren und zwar war es Elias Tschawtschawadse, der die ersten mustergiltigen Werke dieser Art schuf. Diese spiegelten wirkliches Leben wieder und zeigten die Menschen und ihr Schalten und Walten mit einer rücksichtslosen Strenge und Wahrheitstreue. Auf diese Weise hob Tschawtschawadse die georgische Erzählung von der niedrigen Stufe der alten Fabulierkunst auf eine Höhe, die von seinen nächsten Nachfolgern schwerlich zu erreichen war. Die meisten derselben fuhren fort im naiven Volkstone zu dichten und erst in Alexander Kasbek trat ein Erzähler auf, der neben wirklicher Beobachtungsgabe auch dichterische Gestaltungskraft an den Tag legte. Seine Novellen und Skizzen behandeln fast ausschliesslich das Leben der Bewohner des Hochlandes an der georgischen Heerstrasse, sind reich an vortrefflichen Sittenbildern und malerischen Naturschilderungen, aber nicht immer frei von Überschwenglichkeit. Ganz kunstgerecht können sie trotz aller ihrer Vorzüge nicht genannt werden, aber für die georgische Litteratur haben sie bedeutenden Wert als Kulturbilder und als die ersten Versuche einer etnografischen Novellistik.

Das Leben der Landbevölkerung in Kartalinien beschrieb mit Geschick N. Lomauri, dessen Erzählung „Ali" ein beliebtes Volksbuch geworden ist.

Ähnliche Stoffe behandelt Katerina Gabaschwili, die einer mässigen Realistik huldigend, das Dorfleben in seinen interessantesten Äusserlichkeiten schildert, ohne sich jedoch an schwierigere Probleme zu wagen. Auch Georgi Zereteli ist kein tiefer Beobachter, obgleich er in seinen Novellen aus Imeretien interessante Menschen vorführt und seine Sittengemälde manchen kühnen Zug aufweisen.

Fast alle Erzähler, deren Zahl keineswegs allzu spärlich ist, wenden vor allem ihre Blicke dem Landleben zu, dem eigentlichen Schauplatz des nationalen Lebens der Georgier, während das Stadtleben bisher wenig von ihnen beachtet wurde.

Die georgische Landbevölkerung bietet auch wirklich für jeden aufmerksamen Beobachter eine reiche Auswahl typischer Gestalten, die Dank den immer noch sehr eigenartigen Lebenszuständen ein urwüchsiges, scharf hervortretendes Gepräge haben.

Von den neuesten Novellisten ist der bedeutendste Dawid Kldiaschwili, der mit psychologischem Verständnis charakteristische Typen aus der Welt der kleineren Gutsbesitzer malt und dabei einem dem Stoffe entsprechenden Realismus huldigt.

Im Ganzen genommen, steht die Erzählungslitteratur der Georgier hinter ihrer Lyrik zurück, da es eben den meisten Schriftstellern an Schulung und Originalität fehlt.

In der Humoristik grösseren Stils hat sich bis jetzt noch keiner versucht, obgleich das Leben reichen Stoff dazu bietet und der Georgier humoristische Begabung nicht gewöhnlicher Art besitzt.

Die Entstehung des georgischen Theaters gehört unserem Jahrhundert an. Allerdings sollen am Hofe des vorletzten Königs Heraklius II. (gegen Ende des 18. Jahrhunderts) von Zeit zu Zeit dramatische Aufführungen stattgefunden haben, aber diese schüchternen Versuche hatten keine Fortentwicklung, und können daher gar nicht als Anfänge betrachtet werden.

Der Gründer der georgischen Bühne sowie der dramatischen Litteratur war Fürst Georg Eristawi, ein begabter und vielseitig gebildeter Mann, der in seiner Jugend längere Zeit in Polen lebte, sich dort mit den Litteraturen des Abendlandes vertraut machte und auch einige Gedichte von Mickiewicz ins georgische übersetzte.

Dank seiner Mühewaltung fand im Jahre 1850 in Tiflis die erste Aufführung eines von ihm selbst verfassten georgischen Lustspiels statt, welchem bald darauf weitere folgten. Den Stoff derselben entnahm er dem georgischen Volksleben, so dass er der neuen Schaubühne sogleich beim Entstehen ein heimisch-volkstümliches Gepräge verlieh und ihr den Pfad wies, auf dem sie sich weiter entwickeln konnte.

Vollendete Charaktere vermochte Eristawi allerdings
nicht zu schaffen, aber da seine Stücke viel frischen
Humor enthalten, besitzen sie auch heute noch einige
Zugkraft, die wohl erst dann gänzlich schwinden
wird, wenn die in ihnen behandelten Lebenszustände
so weit veralten, dass sie unverständlich werden.

Nach Eristawi trugen manche andere ihr Scherf-
lein zur Gründung eines heimischen Repertoires bei,
aber ihre Versuche fanden wenig Anklang, so dass
man zu Übersetzungen oder Umarbeitungen Zuflucht
nehmen musste. Trotzdem fasste die georgische
Bühne allmählich doch feste Wurzel, das ihr vom
Publikum entgegengebrachte Interesse steigerte sich
von Jahr zu Jahr und seit nahezu dreissig Jahren
besitzt Tiflis seine beständige georgische Schau-
spielergesellschaft, die mehrere tüchtige Kräfte zählt.
Eine zweite Truppe besteht in Kutais.

Die Georgier besitzen für das Theater nicht nur
Lust und Liebe, sondern auch genügendes Verständnis, während ihre Schauspieler trotz mangelhafter
Schulung viel Kunstsinn und -Gefühl an den Tag
legen. Sie spielen mit der grössten Natürlichkeit,
sind gewandt in der Kleinmalerei und folgen vor
allem dem ihnen angeborenen Instinkte der Wirklichkeit. Ihre Stärke liegt natürlich im Lustspiel, in
welchem sich auch immer wieder neue Schriftsteller
versuchen, ohne jedoch Werke hervorzubringen, die
vor einer strengen Kritik bestehen könnten. Die
meisten dieser Stücke halten sich nur kurze Zeit
auf den Brettern und nur Alexander Zagareli ist es
gelungen einige Lustspiele zu schaffen, die, weil sie

wirklich ergötzliche Seiten des gesellschaftlichen
Lebens im grellem Lichte zeigen, immer mit grossem
Beifall aufgenommen werden.

Stoff giebt es, wie schon gesagt, im georgischen
Leben in Hülle und Fülle, aber bis jetzt fehlt der
Künstler, der bedeutende Werke daraus zu machen
verstände. Manche wirkliche Charaktergestalt, deren
Namen im Abendlande längst ausgestorben und uns
nur noch im Don Quijote begegnet, leibt und lebt
noch in Georgien. Auch ein Mendoza fände hier
reichlichen Stoff für Schelmenromane. Dass die
Georgier diesen seltenen Reichtum an sinnlicher,
urwüchsiger Kraft im Leben ihrer Landsleute nicht
übersehen, beweisen viele Versuche, die in dieser
Hinsicht gemacht wurden. Bisher kam jedoch noch
keiner über die Äusserlichkeiten hinweg und David
Kldiaschwili ist vielleicht der einzige, der mit
einigem Geschick in die Gemütswelt dieser noch
nicht abgenutzten Romanhelden eingedrungen ist.
Das Portraitieren einzelner Charaktere bringen
manche ganz gut fertig, wie man das auch bei dem
Maler Gigo Gabaschwili sieht, der sich aber eben
so wenig wie jene bewusst ist, worin seine Stärke
liegt und sich in allen Genres versucht, anstatt sich
in einem zu vervollkommnen.

Aus Drama haben sich die Georgier natürlich
auch schon gewagt, denn der in ihrer geschichtlichen Vergangenheit vorhandene Stoff ist reichhaltig
genug, um Schriftsteller zu dramatischen Bearbeitungen zu verlocken. Einige Stücke dieser Art halten
sich auch wirklich auf der Bühne, aber ihre Zugkraft

ist mehr dem Stoff, als der künstlerischen Behandlung desselben zuzuschreiben.

Von fremdländischen Dramen sind die Shakespeare'schen am beliebtesten und werden auch oft aufgeführt, soweit sie nämlich in der Übertragung des bis jetzt einzigen Shakespeareübersetzers Wano Matschabeli in georgischer Sprache vorhanden sind. Auch französische Dramen und Lustspiele finden viel Anklang bei den Georgiern, weniger deutsche. Ausser Schiller und Gutzkow scheinen sich nur die neuesten dramatischen Schriftsteller bei ihnen einbürgern zu wollen, während wiederum die Übersetzungen aus dem russischen zahlreich sind.

Die georgische Geschichtsschreibung hat in der letzten Zeit bedeutende Fortschritte gemacht.

Die moderne Forschung der georgischen Geschichte begann der Franzose Brosset im dritten Viertel unseres Jahrhunderts. Derselbe gab zahlreiche Quellen in französischer Sprache heraus und verfasste auch eine „Geschichte Georgiens," die jedoch auf wenig gesichteten Quellen beruht und angesichts des gegenwärtig vorhandenen Stoffes zahlreicher Verbesserungen bedarf.

Eine umfangreichere „Geschichte Georgiens" in georgischer Sprache nahm D. Bakradse in Angriff, aber er kam nur bis zum 10. Jahrhundert, da ihn der Tod an der Fortsetzung seines Werkes verhinderte.

Wertvoll sind auch die Arbeiten von Shordania und Urbneli. Der erstere hat bereits zwei Bände

zahlreicher Akten, Chroniken und anderer der Vergangenheit Georgiens betreffender Schriftdenkmäler
veröffentlicht, während Urbneli einzelne Epochen
schildert.

E. Takaischwili, ein gediegener Kenner der
georgischen Vorzeit, besorgt die Herausgabe des
wichtigsten, bis jetzt wenig bekannten, und noch
weniger benutzten Quellenmaterials. Drei von ihm
bereits veröffentlichte Chroniken: 1. Die Bekehrung
Georgiens; 2. Die Geschichte der Bagratiden von
Sumbat; 3. Das Tagebuch der Atabegenfamilie von
Samzche-Saatabaho bieten für die Prüfung später
abgefasster Chroniken eine sehr gediegene Grund-
lage, was gleichfalls die von demselben Schriftsteller
herausgegebene und nur in einem Exemplar hand-
schriftlich existierende Chronik „Das Leben Georgiens" in der Abschrift der Königin Marie (1634—1646)
betrifft. Die von Brosset bei Abfassung seiner
„Histoire de la Géorgie" benutzte Handschrift derselben Chronik rührte von Wachtang VI. her und
war später abgefasst worden, so dass nun die Möglich-
keit vorliegt, dieses wichtige Quellenwerk zu prüfen
und zu berichtigen.

Im allgemeinen ist das geschichtliche Material
noch wenig gesichtet und bearbeitet, aber es ist
immmerhin in den letzten Jahren viel in dieser Hinsicht geschafft worden und durch die emsige Sammlung von Altertümern wird auch auf die Entwicklungs-
geschichte der georgischen Kultur bald mehr Licht
fallen.

Sehr eingehend wird die georgische Volkskunde gepflegt und die etnografische Litteratur ist daher ziemlich reichhaltig. Niko Chisanaschwili, Rafael Eristawi, Petre Umikaschwili und noch einige andere haben sich durch tüchtige Leistungen auf diesem Gebiete verdient gemacht.

Die Jugendlitteratur besteht bis jetzt zum grossen Teil nur aus Übersetzungen oder wenig gelungenen selbständigen Versuchen, hat aber doch schon einige Werke von wirklichem Wert aufzuweisen und dies sind die Jugendschriften von Jakob Gogebaschwili, dessen „Deda Ena" (die Muttersprache) und „Bunebis Kari" (die Pforte zur Kenntnis der Natur) Bücher von seltener Gediegenheit sind und dem Besten, was die pädagogische Litteratur der Neuzeit, selbst bei hochkultivierten Völkern, hervorgebracht hat, an die Seite gestellt werden dürfen.

Auch Anasthasia Zereteli hat sich um die georgische Jugendlitteratur bedeutende Verdienste erworben.

Gregor Orbeliani.
(1801 — 1883.)

Gregor Orbeliani entstammte einem sehr alten georgischen Fürstengeschlechte, aus welchem in den letzten Zeiten der Selbständigkeit Georgiens mehrere bedeutende Heerführer hervorgegangen sind. Seine Erziehung genoss er in der Tifliser Adelsschule, trat dann in den Militärdienst und nahm an mehreren Feldzügen der Russen gegen die kaukasischen Bergvölker und Türken teil.

Er war ein Naturdichter im wahren Sinne des Wortes, ein Sänger von der Muse Gnaden, der nur dichtete, wenn ihm das Herz überquoll. In seinen nicht zahlreichen Gedichten prunkt noch die morgenländische Farbenpracht in ihrem vollen Glanze und mit ihr durchzieht sie ein kräftiger Hauch Hafisischer Lebensfreude. Er war ein Georgier vom alten Schlage, lebens- und sangesfroh, gemütlich und empfindsam für alles Schöne.

❧

1.

Lob Georgiens.

O Heimatland, in wessen Sinnen
Sich die Erinnerung an dich regt,
Der fühlt sein Blut gleich wärmer rinnen,
Dess Herz vor Freude lauter schlägt.

Wer liebt nicht diese heilige Stätte,
Wo er das Licht der Welt erblickt,
Wo ihn schon in dem Kindesbette
Der Eltern Zärtlichkeit beglückt?

Wo er wie seinen Stern fürs Leben
Des Herzens Auserwählte fand,
Wo er sein ganzes Thun und Streben
Mit dem der Brüder eng verband.

Wo Blumen gleich die Mädchen blühen,
Mit Augen dunkler als die Nacht,
Wo sonnenheiss die Herzen glühen,
Wo grenzenlos der Liebe Macht.

Wo unbewölkt der Himmel immer
Im frühlingsheitern Glanze lacht,
Wo goldrein strahlt der Sonne Schimmer
Und purpurrot des Aufgangs Pracht.

Wo in der Nächte Märchendunkel
Die goldne Saat der Sterne glüht,
Wo schön des Mondes Glanzgefunkel
Durchs stille Reich der Wälder zieht.

Wo durch der Bäume Blütenwipfel
So milde Abendwinde wehn,
Wo schneebedeckte Bergesgipfel
Im Ätherraum des Himmels stehn.

Wo wild, der Wälder Reich verwüstend,
Der Wasserfall vom Berge braust,
Wo auf uröden Felsen nistend
Der ewig freie Adler haust.

Wo über Wolken hingestiegen
Der Jäger kühn den Steinbock jagt,
Wo zwischen Felsen Schluchten liegen,
In deren Grund es nimmer tagt.

Wo in den herrlich grünen Thalen
Hell blitzt der Bäche Silberflut,
Wo üppig alle Fluren strahlen
In duftiger Blumen Farbenglut.

Vor Freud die Herzen Funken fangen
Beim Anblick solcher Herrlichkeit;
Die Augen möchten ewig hangen
An dieser Reize Üppigkeit.

O giebt's wohl auf der Erde Weiten
Noch irgendwo ein zweites Land,
Das mit Georgien dürft' streiten,
Mit seiner Fluren Prachtgewand?

2.

Wer einmal dich gesehn,
Will dich bald wieder sehn
Und wenn der Augenblick vergangen,
Wird wieder er nach dir verlangen.

Und sollte euch das Schicksal trennen,
Wird er dich suchen überall
Und unter tausenden erkennen
Von weitem deiner Stimme Schall.

Sein Wort, sein Herz, sein ganzes Handeln
Wird er dir unaufhörlich weihn,
Mit dir wird er im Lichte wandeln,
Und ohne dich umnachtet sein.

3.

Schenk keinen Wein mir ein, denn längst schon trunken
Bin ich von hoffnungsloser Lieb zu dir,
Halt ein, denn leicht verrät mich meine Zunge
Und spricht was keinem kund ist ausser mir.
O leicht verrät sie, was ich heimlich wahre,
Die heisse Liebe und der Sehnsucht Schmerz,
Den langen Kummer und die heissen Thränen.
Schenk keinen Wein mir ein, mich quält dein Scherz!

Kaum reicht mir die Vernunft das Herz zu zähmen
Und doch willst du sie schwächen noch durch Wein.
Ach, glaube mir, dass deine süssen Blicke
Mich der Vernunft berauben schon allein!
Und lächelnd du mir noch den Becher füllst.
Halt ein, mit Wein du meinen Durst nicht stillst!

O quäl mich nicht mit deinem Scherz, die Rose
Versprichst du mir, wenn ich den Becher leer'!
Viel lieber küsst' ich deine Rosenwangen —
Und dann reich mir den Todesbecher her!
Schenk keinen Wein mir ein, mein Kopf ist wirr
Von heisser, hoffnungsloser Lieb' zu dir.

Schon oft verglich ich, dir ins Antlitz schauend,
Der Mandelblüte deiner Wangen Rot,
Fast bebt mein Mund sie einmal zu berühren,
O hör mich an, denn Wahnsinn mich bedroht!
Wie Gift tobt durch die Adern mir das Blut,
Schenk keinen Wein mir ein, ich sterb vor Glut!

4.

Trennungsabend.

Schon senkt die Sonne sich zum Untergange
Und zärtlich spielt ihr letzter Abschiedsschein
Am Kaukasus, als wär's ihr leid und bange
Der neuen Trennung schon so nah zu sein.

In weiter Himmelshöhe mächtig schimmert
Der Riesenberge ewiger Gletscherschnee,
Um sie Gewölk gewitterdrohend flimmert,
Als wollt' der Welt es bringen Not und Weh.

Darunter prangt der Wälder Märchendunkel,
Bis in die Thäler reicht ihr grün' Gewand.
Von Klippen stürzen Bäche mit Gefunkel, .
Wild tobt der Terek [1]) an die Felsenwand.

* * *

Betrübt schau hin ich in die weite Ferne.
Dort rollt ein Wagen, der mir die entführt,
Die wert mir war gleich meinem Lebenssterne,
Mit der mein Herz sein alles nun verliert.

Leb' wohl! so lang ich atme, wird mein Segen
Dir folgen und stets dein Begleiter sein,
Mir aber nun auf meinen Lebenswegen
Für immer schwinden aller Freude Schein.

Hin rollt der Wagen und in schnellem Fluge
Entführt er meines Herzens Liebste mir.
Schon schwindet er verdeckt im Nebelzuge.
Wozu schau ich noch hin? Doch nicht nach ihr?

O sprich, worin kann ich denn Trost noch finden,
Wenn du nicht zaudertest von mir zu fliehn,
Wenn du mir nicht vergolten mein Empfinden?
Wer wird mich dieser Trauer nun entziehn?

Nie dachte ich an dieser Wonne Ende.
Nun ist es da! Leb wohl, leb wohl, mein Lieb!
Ich aber ring mit tiefem Schmerz die Hände
Und frag, was mir noch in der Welt verblieb.

*   *   *

Schon dunkelt's und mit meiner Herzenstrauer
Bin ich in dieser Stille hier allein.
Den Kaukasus umhüllt ein Nebelschauer,
Am Kasbek glänzt des Abendsternes Schein.
Vom Berge stürzend rauscht der Wasserfall,
Der Terek heult und brüllt im Felsenthal.

5.

Trennung.

Wie klarer Tau im Rosenkelche,
So zittern auf den Wangen dein
Die heiss vergossnen Thränenperlen,
Du teurer, lieber Engel mein.

Ja, Teure, heut ich von dir scheide,
Ein rauhes Schicksal reisst mich fort.
Ach, wie verlangt's mich dich zu trösten
Und doch find ich kein einziges Wort.

Mein Aug' kann nicht zum Abschied weinen,
Denn keine Thräne ihm verblieb;
Mein Mund vermag dir nicht zu sagen,
Wie sehr ich dich, mein Engel lieb.

Die wahre Liebe kann nicht reden,
Wie sehr sie auch nach Worten sucht,
Wie auch der Zorn die Zunge fesselt,
Wenn wild das Herze tobt und flucht.

Ja, unsichtbar sind ihre Gluten,
Nach aussen keine Flamme schlägt,
Und wenn sie selbst das Herz verzehrte,
Ein Zucken kaum den Mund bewegt.

Ein schwaches Herz stillt schnell durch Thränen
Den Schmerz, den ihm die Trennung schlug,
Und weiht sich leicht dem neuen Glücke
Wie es die Trennung leicht ertrug.

Jedoch ein Herz, stark wie ein Felsen,
Trägt unversehrt der Liebe Mal
Treu eingeprägt durch ferne Tage
Bis es zermalmt des Todes Strahl.

O lieben will ich dich, mein Engel,
So lang mein Aug' die Sonne sieht,
Bis meiner Brust der letzte Seufzer,
Der letzte Atemzug entflieht.

6.

Erinnerung.

Das ist der Ort, das sind die schönen Fluren,
Wo du gewandelt einst so anmutreich.
Das ist der Hain, der Bach mit seinen Ufern
Und auch der Lenz, an Reizen jenem gleich.

Wo du geweilt, da dufteten die Blumen
Stets würziger und wonniger als je.
Die Sonne schien und melodiereich sangen
Die Nachtigall'n von Lust und Liebesweh.

Von deiner Schönheit angelockt umschwebten
Gelinde Lüfte deine Huldgestalt,
Und spielten zart mit deinen schwarzen Locken
Und mit dem Schleier,[2]) der dein Haupt umwallt.

Wo du nur warst, war ich auch stets zugegen
Mit frohem Herz und heiterem Gemüt.
Wie ein Geschenk des Himmels war mir teuer
Ein jeder Blick, der deinem Aug' entglüht.

Versunken in Gedanken sitz ich wieder
An dieser Stelle und gedenk der Zeit,
Da du das Herz mit Wonne mir erfülltest
Und all mein Sinnen dir nur war geweiht.

Die schöne Zeit entfloh, mit ihr enteilte
Die innige Liebe, die in dir gelebt,
Doch mir wird nimmer die Erinnrung schwinden
An jenes Glück, das einst mein Herz durchbebt.

7.

Ach, könnten wir doch wieder einmal
Im Grase ruhen, im schönen Thal,
Nach altem Brauch,
Der unsrer auch,
Zechen und singen
Jari, jarali.

Der Braten prasselt am langen Spiess,[3]
Sein Duft weckt Esslust und ist süss.
Wir schenken ein
Kachetinerwein,
Schwingen die Becher!

Gemüse, Käse und frischen Fisch
Legt man aufs Leintuch, das unser Tisch.
Und oben lacht
Mit heitrer Pracht
Georgiens Himmel.

Die Stirn, die erhitzt ist vom Weingenuss,
Kühlt sanft des Bergwindes frischer Kuss
Und mit Greisenruh
Erzählst mir du
Von alten Zeiten.

8.

Nein, eine Rose bist du nicht,
Nein, eine Lilie bist du nicht!
Doch seh' auf deinen Wangen
Ich beide lieblich prangen.

O glücklich ist die Nachtigall,
Die immer deinen Blumen singt!
In ihrer Lieder Widerhall
Der seligste der Töne klingt.

O glücklich ist, o glücklich ist,
Wer atmend jemals eingesogen
Den Balsamduft von deinem Haar,
Das reich umwallt des Nackens Bogen!

O glücklich ist, o glücklich ist,
Wer deine Taille je umfangen
Und dessen liebesheisser Mund
An deinem Rosenmund gehangen!

Schön wie ein Mai hat ihm das Leben
In jenem Augenblick geblüht,
Und bei dem wonnigsten Erbeben
Hat selige Lust sein Herz durchglüht!

9.

Ein Röschen steckt an deiner Brust,
Am zarten Pfühl der süssen Lust.
Doch weiss ich kaum, wer von den beiden
Sich mehr am fremden Duft mag weiden.

10.

Verwelken mag die Hyazinte,
Vergehen mag der Rose Pracht!
Für mich ist's Glück genug und Wonne,
Wenn mir dein Rosenmündchen lacht.

11.

Wenn stetiges Verlangen nicht die Liebe schürt,
Wie Feuer ohne Nahrung sie die Glut verliert.

12.

Nacht.

Der blasse Mond, der Liebenden Gefährte,
Goss auf die Erde seinen Wonneschein
Und zärtlich um die duftigen Blumen zitternd
Vog ihren Hauch das Abendlüftchen ein.
Serborgen sass im grünen Blütenstranche

Die Nachtigall und sang der Rose bang
Ein Liebeslied, von dem in meinem Herzen
Noch mächtiger ward der Liebe heisser Drang.
Der Reben üppige Zweige wölbten
Sich über mir zu einem luftigen Dach.
Ach, hier an diesem grünen Wonneplätzchen
Rief einst ihr Blick mein Herz zum Lieben wach!
Mich quälte schwer der Stunde träges Schwinden,
Denn Ungeduld bringt mit der Liebe Glück,
Und wie von einem Zauber hingerissen
Lag fest geheftet auf dem Steg mein Blick.
Im Dämmrungsschein erschien jemand am Zaune
Und schnell verschwand er wieder hinterm Baum,
Noch zittert leicht der Zweig des Rosenstrauches
Und doch ist niemand da! War's nur ein Traum?
Warum ist denn das Herz mir stehn geblieben?
O eh' mein Aug' die Liebste noch erblickt,
Hat ihre Nähe schon mein Herz empfunden
Und mich mit seiner Ahnung süss beglückt.
Kaum hatte sie erblickt mein sehnend Auge,
Als schon mein Mund an ihrem Munde hing,
In eins all unser Sinnen sich vereinte
Die Seele in die Seele überging.
Und so versanken wir, von Wonne trunken,
Hin in die Flut der seligen Liebeslust,
Nichts sah das Auge mehr in diesem Glücke
Und stille stand das Herz mir in der Brust.
Und sprachlos, ohne jeglichen Gedanken
Entschwebten wir in eine andre Welt,
Doch wo, in welchem Zauberländ wir waren,
O dies zu sagen, mir die Sprache fehlt.

Minuten eilten hin, nach ihnen Stunden,
Doch wir bemerkten ihr Entschwinden nicht.
So raubt die Liebe das Bewusstsein denen,
Die sie durch ihre Glut zusammenflicht.
Der blasse Mond, der Liebenden Gefährte,
Goss auf die Erde seinen Wonneschein
Und zärtlich um die duftigen Blumen zitternd
Sog ihren Duft das Abendlüftchen ein.
Ach, da erkannte ich, dass auch auf Erden
Erreichbar ist des Paradieses Glück,
Jedoch warum währt diese hehre Wonne
Nur einen kurzen, flüchtigen Augenblick?
Warum darf nie das Herz bis auf die Neige
Befriedigen seinen Drang nach Seligkeit?
O schmerzlich ist's, dass alles Glück auf Erden
Zerrinnen muss in der Vergänglichkeit!
Das schöne Morgenrot im Osten zeigte
Uns bald der Trennung bange Stunde an
Und da erkannt ich erst, wie schnell die Nächte
Vergehen auf der Liebe Wonnebahn.
Ich grollte schwer dem Licht des neuen Tages,
Das uns schon wieder von einander schied,
Und küsste einmal noch ihr Rosenmündchen,
Denn schon erklang der Lerche Morgenlied.

13.

Lied des Fischers Lopiana.

Wenn ich schlummre, du in meiner Seele lebst,
Wenn ich aufwach, du mir auf den Wimpern schwebst.
    Wie ein Sklave bin ich dir ergeben,
    Selbst den Tod nehm ich aus deiner Hand,
    Dir gehört mein ganzes Thun und Streben,
    Dir nur ist mein Auge zugewandt.
    Wo du immer hin magst gehen,
    Mit dir bin ich allerwärts,
    Solltest du mich auch nicht sehen,
    So empfindet's doch dein Herz.
Zürne nicht, da ich dir nicht im Wege,
Denn nur so für mich ich dich begleit,
Und wenn ich auch oft den Mund bewege,
Flüstr' ich nur: „Ach, schön bist du, o Maid!"
    Wenn ich schlummre,
    Du in meiner Seele lebst,
    Wenn ich aufwach,
    Du mir auf den Wimpern schwebst.

Dem Zypressenbaum ich ähnlich finde
Deines Körpers schlanke Huldgestalt,
Einem Blumenkranz die seidne Binde,[4]
Die als Gurt an deinen Hüften strahlt.
Blitze sind mir deiner Äuglein Blicke,
Süsser Rosenduft der Atem dein.
Wann gelang ich endlich denn zum Glücke
Dir zu sagen: „Teure, du bist mein!"

Wenn ich schlummre,
Du in meiner Seele lebst,
Wenn ich aufwach,
Du mir auf den Wimpern schwebst.

Zehnerlei sind meine Tageswege,
Doch sie alle führen hin zu dir,
Wo ich sinnend auch mein Haupt hinlege,
Steht dein holdes Bild sofort vor mir.
Was ich andres auch zu sagen habe,
Stets dein Name von der Zunge fällt.
Ach, bereit mir doch die Herzenslabe,
Frage mich, was mir zum Glücke fehlt!
 Wenn ich schlummre,
 Du in meiner Seele lebst,
 Wenn ich aufwach,
 Du mir auf den Wimpern schwebst!

Ach, begreift wohl jemand meine Leiden?
Doch was kümmert sich um mich die Welt?
Ob ich lebe, ob ich's Glück muss meiden,
Diese Frage sich wohl niemand stellt!
Was ich in der Welt denn hab' zu sagen,
Was ich bin und was ich grosses thu!
O das wirst du teure niemals fragen,
Denn dein Herz ist viel zu gut dazu!
 Wenn ich schlummre,
 Du in meiner Seele lebst,
 Wenn ich aufwach,
 Du mir auf den Wimpern schwebst!

O du solltest mich im Kreis der Zecher
Einmal nur beim Trinkgelage sehn,
Wenn ich singend schwing den vollen Becher
Und die Witze wie am Schnürchen gehn!
O du solltest sehn beim Tanzesreigen
Meinen Schwung und meinen frischen Mut,
O dann würdest du dich zu mir neigen
Und mir sagen: „Ach, ich bin dir gut!"
    Wenn ich schlummre,
    Du in meiner Seele lebst,
    Wenn ich aufwach,
    Du mir auf den Wimpern schwebst!

14.

Des Fischers Lopiana Trauer.

Ach, welch Unheil plagt mich, welche Trauer,
Sterben möchte ich vor Herzeleid,
Liege wie ein Hund hier auf der Lauer
Und bewach die Thüre einer Maid.

Ihr Balkon, die Fensterlein, die kleinen,
Sind's, woher ich Sonnenschein erwart'.
Fast verrückt muss ich den Leuten scheinen
So mit meiner neuen Lebensart.

Was der Schlaf ist, hab ich längst vergessen,
Auch bei Tage ruh ich mich nicht aus,
Denke gar nicht mehr ans Mittagessen,
An kein Zechgelag und keinen Schmaus.

Eingehüllt in meinen Mantel liege
Ich stets seufzend auf der Strasse da,
Und wenn neben mir der Blitz einschlüge,
Wich ich nicht von hier und bliebe da.

Alle, die an mir vorüber gehen,
Fragen, was ich hier beständig thu.
„Ach,“ sag ich, „wenn ihr es nicht gesehen,
Schert euch fort und lasst mich hübsch in Ruh!“

Nur ein Narr kann mich danach noch fragen
Und mit Narren lass ich mich nicht ein,
Wisst ihr denn von Liebe was zu sagen,
Kann dies Ding denn euch begreiflich sein?

„Meine Liebste, meine Lebenssonne,
Wohnt in jenem kleinen Stübchen dort,
Nur von ihr erwart ich Glück und Wonne,
Drum verlass ich nimmer diesen Ort.“

Ach, mein Schatz, erbarme dich doch meiner,
Glaub es mir, es ist die höchste Zeit!
Blicke einer Sonne gleich aus deiner
Stube her auf mich mit Heiterkeit!

Dankend will ich dir zu Füssen fallen
Und die Erde küssen hoch beglückt.
Ach, lass Deine Stimme doch erschallen,
Die wie Lerchensang das Herz entzückt!

Schau mich an mit deinen schönen Augen
Und zum Könige werde ich sogleich,
Ja zum höchsten werde ich dann taugen,
Wenn ich deine Liebe nur erreich'.

Meine Mütze stülp' ich auf die Seite,
Winde um den Hals ein rotes Tuch,
Und so schlendr' ich munter in die Weite,
Nach Ortatschals Gärten zum Besuch.

Dort am Kur, bei der bekannten Mühle,
Laden Freunde mich zum Mittagsschmaus,
Dort im Lärm und dichten Volksgewühle
Fei're ich mein Glück bei Saus und Braus.

Und den vollen Becher hoch gehoben
Will ich trinken auf dein Wohl, mein Lieb,
Will dich, Engel, laut vor allen loben,
Will erzählen, wie du mir so lieb!

15.

Muschi Bokuladse.

Warum schaust du mich an mit solchem Staunen,
Siehst du zum ersten Male einen Muschi,[5])
Den Mann, dess aufgedeckte Brust vom Schweisse
Und Strassenstaube schwarz wie Kot geworden?
Den armen Mann mit sonnverbranntem Antlitz,

4*

Den Mann, den längst das Schicksal hat vergessen,
Den seit der Wiege Elend nur verfolgt,
Den Mann, dess Leben nur ein endlos Leiden,
Ein Kampf mit Hunger und Entbehrung ist.

Warum schaust du mich an mit solchem Staunen?
Die tiefen Furchen auf der schwarzen Stirne,
Das weisse Haar in meinem schmutzigen Barte
Sind nur die Spuren meiner Herzensqualen,
Der ewigen Mühsal um mein täglich Brot,
Der immer bittern, hoffnungslosen Träume.
Sahst du denn niemals Arme und Verlass'ne,
Die nur deswegen leiden, weil sie leben?

O staune nicht! blick lieber in mein Herz
Und lies dort die Geschichte meiner Qualen:
Verrat vom Bruder, Neid und Hass vom Nächsten,
Vom Freunde Judasküsse und von ihr,
Der teuren, unheilbare Herzenswunden.
Von aller Welt erbarmungslos verstossen
Hab ich, was ich einst war, schon längst vergessen.
Im Schweisse triefend schwere Lasten schleppen,
Das ist's, was mir beschieden hier auf Erden.

O wundre dich nicht über meinen Trübsinn!
Du weisst nicht, wie dies Elend schwer zu tragen!
Ich klage, andre singen frohe Lieder.
Aus jenen Gärten schallt Musik herüber,
Ach, wie ich gern in dieses Lied einstimmte,
Doch ach, es klingt ja nicht für mich Verlass'nen!

Tief in mein Innres meine Seufzer bergend
Wisch ich mit schwerer Hand die Thränen ab,
Denn ach, was kümmert Glückliche mein Elend!

Wer bin ich also? Wie soll ich mich nennen,
Da ich nicht einen Tag des Glücks gehabt?
Schon in der Kindheit kannte ich nur Mühsal
Und trüb und hoffnungslos ist meine Zukunft.
Kein Freudenstrahl wird jemals sie erhellen.
Verflucht sei der, der mich zu segnen wagt,
Mich, der ich jedes Erdenheil entbehre
Und wie das Vieh im schweren Joche ächze.

Was schaust du mich noch an, mich Unglückseligen?
Ja, grau ist jetzt mein Haar, ich altre schon
Und nichts blieb mir von diesem Erdenleben
Als die Erinnerung an schwere Leiden.
Was hab ich gutes in der Welt erfahren?
So sterb ich ohne vor dem Tod zu bangen,
Arm, elend wie ich kam, geh' ich von hinnen.
Wie ich in diesem Leben war vergessen,
Werd' ich es auch nach meinem Tode sein.
Wozu ward ich denn eigentlich geboren,
Da doch nur bittres Elend meiner harrte!
Wen soll ich dafür preisen, wen verfluchen?
Ich weiss es nicht; ich weiss nur, dass ich leide,
Doch nicht wofür. Ich trage keine Schuld.

Warum schaust du mich an mit solchem Staunen?
Glaubst du vielleicht, ich sei kein Mensch wie du?

Glaubst du, dass ich das Gute nicht erkenne,
Weil ich bedeckt nur bin mit schmutzigen Lumpen?
Mein Herz regt sich wie deins, wenn ich die Worte,
Die einst der Heiland sprach, verkünden höre.
Von diesem Himmelstrost erstarke ich
Und der Verzweiflung Sinnen schweigt in mir.
In solchen Stunden denk ich an die Kindheit,
An meiner lieben Mutter Zärtlichkeit
Und höre ihre sanftmutsvolle Stimme,
Die mir einst über alles teuer war.
O da verfluch ich mein Geschick nicht mehr,
Die Last der schweren Leiden wird mir leichter
Und froh entschlummre ich in solcher Nacht.

O Sohn der Freude, der du schwelgst im Glücke,
Für dich ist alle Erdenlust geschaffen!
Der Wiesen Grün, das Azurblau des Himmels,
Des jungen Lenzes Blumenpracht und Düfte,
Der schönen Mädchen holde Liebesblicke
Und ihrer weichen Arme zärtlich Kosen
Ist nur für dich, denn ich bin nur geboren
Um dir im Schweisse meines Angesichts
Zu dienen. Früh, wenn du noch schlummerst,
Ächz' ich schon unter meinem schweren Joche
Um dir des neuen Tags Genuss zu sichern,
Und wenn du dann an mir vorüber schreitest,
Versagst du mir noch einen Mitleidsblick.
Warum? Wofür? Ich trage keine Schuld.

16.

Auf den Tod des Königs Heraklius II.[6])

O seine Tage einer Sonne gleichen,
Die unterging mit Herrlichkeit und Pracht
Und deren Strahlen heut uns noch erreichen,
Obgleich ihr Bild schon eingehüllt in Nacht.

Das Vaterland wird nimmer wieder schauen
Sein mächtiges Schwert, das hehr und siegesblank
So oftmals blitzte auf den Schlachtenauen.
Georgiens Ruhm mit ihm zu Grabe sank.

17.

Der Morgen vor der Schlacht.

Schon hat das Morgenrot den weiten Osten
Mit seinem Rosenschimmer ausgeschmückt,
Mit Farbenschönheit neu beschenkt den Himmel
Mit Freude unser Erdenthal beglückt.

Im Feuerglanze strahlen alle Wolken,
Es tagt! Des Himmels Lichtspiel Wunder thut!
Und wir erheben andachtsvoll die Blicke
Und schöpfen Hoffnung dort und Mut.

Der Dämmerschein der Nacht wird immer schwächer,
Die letzten Sterne gehen schon zur Ruh,
Die Vöglein wachen auf vom kurzen Schlafe
Und schmettern laut ihr Lied dem Morgen zu.

Leicht zittert durch das Thal ein frisches Lüftchen,
Die Blumen atmen auf, es wogt die Flur.
Ein heiliges Gebet die Blätter säuseln —
Wie schön ist dein Erwachen doch, Natur!

Seid still und horcht! Der Nachtigallen Flöten
Klingt herrlich süss dort her aus jenem Hain!
Hört ihr es nicht? O haltet an den Atem
Und lauscht! Nicht wahr, kein Lied kann süsser sein?

Doch jetzt schaut auf! Dort ragen schon die Berge,
Dort blinkt der Ararat im weiten Plan,
Dort schimmern schon der Türken Lagerzelte
Und dort der Schanzenkreis von Eriwan.
   Es ist schon Tag!

Wie schön es ist! Wie mild die Morgenfrische,
Die die Natur durch ihren Hauch erquickt,
Die fortnimmt jeden Harm des Menschenherzens
Und es mit neuer Lebenslust beglückt.

O Gott, wie herrlich ist doch deine Schöpfung!
Wo ist der Mensch, der ganz ihr Wesen ahnt?
Durch Licht vernichtest du der Nächte Dunkel,
Durch Tod dein Arm dem Leben Wege bahnt!

Im Lager regt es sich, die Trommeln wirbeln,
Das Heer rückt aus, schon fällt der erste Schuss!
O Menschen, könnt ihr nie das Morden lassen,
Ist dieser Todesdonner euer Morgengruss?

Auf, Brüder! Das Signal ruft schon zum Kampfe.
Noch einen Trunk, so lang wir hier vereint!
Fällt einer heut aus unserm Freundeskreise,
Der werde als der teuerste beweint!

Wir rücken vor! Ach, wie ein Traum vergangen
Ist uns der Frohsinn dieser letzten Nacht
Und jetzt ziehn wir vielleicht dem Tod entgegen!
Doch hoffen wir! Ein Gott im Himmel wacht!

18.

Mirsadschans Grabschrift.

Wenn Glück du suchst in dieser eiteln Welt,
Berausche dich gleich mir an Wein und Liebe!
Ertränk dein Leid in Wein und Liebesglut,
Damit den Lebensweg kein Gram dir trübe
Und du ihn wandeln kannst mit frohem Mut
Dem Missgeschick zum Trotz mit heiterm Sang,
Denn trüg dich auch dein Geist die Welt entlang,
So endet doch im Grabe einst dein Drang.

19.

Des Dichters Grabschrift.

Einst lebte ich, o Wanderer, wie du!
Ich liebte, litt und hatte manche Stunden
Des Glücks und schaute oft gedankenvoll
Auf andrer Gräber. Doch dann schlug die Stunde,
Die Reihe kam an mich und jetzt schaust du
Hernieder auf mein Grab. O diesem Schicksal
Entgehen weder reiche, mächtige Könige
Noch Arme, die bedeckt nur sind mit Lumpen,
Noch Jünglinge, die sich der Jugend freuen,
Noch sieche Greise, die des Lebens müde.
Ja, alles stirbt, was aus dem Staub erstand
Und nur die reine Seele bleibt bestehen
Und kehrt zu Gott zurück, dess Teil sie ist.

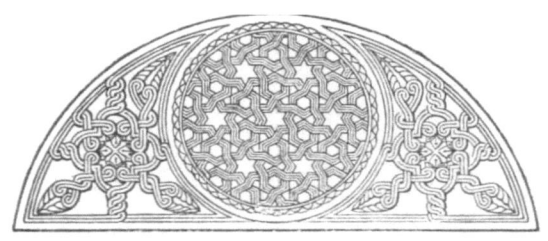

Alexander Tschawtschawadse.

1786 — 1846.

Al. Tschawtschawadse entstammte einem in Kachetien begüterten Fürstengeschlechte. Wie Gregor Orbeliani trat auch er in den Militärdienst und brachte es bis zum Generalsrange.

Als Dichter war er noch durch und durch Morgenländer und schliesst gewissermassen die Reihe der altgeorgischen Dichter ab. Wein, Weib und Gesang sind fast ausschliesslich der Gegenstand seiner Lieder, von denen einige wegen ihres volkstümlichen Inhalts noch heute nach altgeorgischer Weise gesungen werden. Sein Grab befindet sich im Kloster von Schua-Mta, von wo man eine entzückende Aussicht auf das malerische, weinreiche Kachetien geniesst.

1.

Es irren sich die Weisen, die da meinen,
Zufällig sei entstanden diese Welt.
Wer dich gesehn, dem muss es deutlich scheinen,
Dass ihrer Meinung die Begründung fehlt.

2.

Mag die Vernunft sich noch so sehr bemühen
Uns streng zu leiten auf der Weisheit Bahn,
So lange jugendlich die Herzen glühen,
Ist alle Lebensweisheit eitler Wahn.

3.

Von mitleidsvoller Hand gereicht
Ward mir der Liebe Lustpokal,
Doch hat sein Trank, dem keiner gleicht,
Vermehrt nur meines Durstes Qual.

4.

Wer unterliegt nicht deiner Macht, o Liebe,
Wer zahlt dir nicht Tribut mit seinem Herz?
Durch dich wird der gewaltigste zum Sklaven,
Durch dich erliegt der Weise selbst dem Schmerz.

O Liebe, deine Macht empfindet jeder
Und jeder deinen Glauben hier bekennt:
Der Mönch, der Laie, Könige und Sklaven
Und alle, die sonst That und Meinung trennt.

5.

An Nino.

Als du gestern hinaus aus dem Ballsaale tratest
Dich zu kühl'n nach des Tanzes berauschender Lust,
Fiel ein Schneeflöckchen, weiss wie der Lilie Blüte
Auf die marmorne Haut deiner schwellenden Brust.

Augenblicklich erlosch dort des Schneesternleins
                                        Schimmer,
Überstrahlt von dem Schnee deiner schwellenden
                                        Brust;
Drum zerrann es beschämt gleich als perlende Thräne
Und mit der floh'st du hin zur berauschenden Lust.

6.

Tischlied.

Zecher, hoch die Becher schwinget,
Denn der Herbst kehrt wieder ein!
Schaut, welch Gut der Herbst uns bringet,
Schaut, wie klar der neue Wein!

Mag der Wind nun eisig brausen,
Mag uns droh'n des Winters Wut!
Uns erfüllt er nicht mit Grausen,
Denn der Wein wärmt unser Blut.

Trinket, dass die Gurgel dampfe!
Wein das Blut in uns vermehrt.
Eh' die Pflicht uns ruft zum Kampfe,
Sei der Keller ausgeleert!

Schlechte Kämpfer sind die Weisen,
Die besorgt sich selbst nur sehn,
Besser weiss mit Stahl und Eisen
Stets der Zecher umzugehn.

Ja, die Weisen nichts erreichen,
Vorsicht ist des Feigen Braut.
Stets sind sie schon halbe Leichen
Eh' sie noch den Feind geschaut.

Steckt die Bücher in die Schränke,
Denn viel mehr lehrt uns der Wein!
Traurig ist, wer fern der Schänke.
Doch wer zecht, wird lustig sein.

Folgt, Herr Doktor, unsern Spuren!
Wenn die Heilung nicht gelingt,
Macht euch an die Rotweinkuren,
Denn gesund bleibt der, der trinkt!

Selbst die Heuchler müssen's sagen,
Dass das Zechen Christenpflicht.
Mohamed that's untersagen,
Drum sind wir darauf erpicht.

Glück erkauft kein Mensch auf Erden,
Gäb er alles Gold dafür.
Niemand kann zufrieden werden,
Der nicht lebt und zecht wie wir.

Ja, wir woll'n beim Weine bleiben,
Zechen fleissig Tag und Nacht,
Da bei diesem hehren Treiben
Freude aus dem Becher lacht.

Wenn des Lenzes Blumen prangen,
Sitzen wir beim Glase Wein.
Mag die Nachtigall verlangen
Nach der Rose Duft allein!

Nie wird der ein Herz bezwingen,
Der der Trauer sich ergiebt.
Andres wird euch der vorsingen,
Der flott zecht und lustig liebt.

Drückend heiss sind hier die Tage,
Selbst die Nächte sind oft schwül,
Doch wer zecht, schläft ohne Plage,
Und so fest, als wär es kühl.

7.

Der Goktschasee.

O Goktschasee,[1]) der du dem Meere gleichst an Breite,
Bald toben deine Wogen wie der Sturm so wild,
Bald ruhst du regungslos und schimmerst in die Weite,
Klar wiederspiegelnd deiner grünen Hügel Bild.

Jedoch nur Disteln wuchern jetzt auf den Ruinen,
Die, längst verödet, noch an deinen Ufern stehn.
Wo einst des Lebens Tag gar heiter hat geschienen,
Des Wandrers Augen jetzt die Eulen nisten sehn.

Des Ortes Düsterheit betrübt auch den Beschauer,
Die tiefe Grabesstille und Verlassenheit
Erwecken im Gemüte einen bangen Schauer,
Von dem es sich durch bange Seufzer nur befreit.

Dort liegen herrlicher Paläste wüste Trümmer,
Der grossartigsten Städte dieses Schicksal harrt,
Auch unsrer heutigen Werke Pracht entgeht ihm nimmer
Und doch ein jeder hoffend in die Zukunft starrt.

Kaum zu erkennen ist noch jener schlanke Bogen
Als eines Tempels Rest, wo Könige andachtsvoll
Oft weilten, fromme Beter ein und aus einst zogen
Und hehrer Psalmensang empor zum Himmel quoll.

Und diese Trümmer, die uns jetzt so kühl beschatten,
Sucht nur das Vieh noch auf im heissen Sonnenschein,
Auch wilde Tiere ruh'n auf ihren grasigen Matten
Und manchmal kehren fremde Karawanen ein.

Dort jenes grosse Viereck längst zerfallner Steine
War einst ein Lagerhaus für Waren aller Art.
Ein Händlervolk sind die Armenier nicht zum Scheine,
Denn wie bekannt sind sie im Gelderwerben hart.

In jener Zeit gab es viel Männer unter ihnen,
Die reich an Gütern waren wie an Redlichkeit,
Doch dieser Ruhm, der sie einst hehr beschienen,
Entschwand fast spurlos in dem langen Lauf der Zeit.

Schau jene Fläche an, die Steine nun bedecken!
Dort war die Rennbahn, wo sich einstmals stolz zu Ross
Im Lanzenwurf und Fechten zeigten tapfre Recken
Und Pfeile schleuderte der wackern Jugend Tross.

Dort jener Haufen Schutt, von Moos ganz überzogen,
War einst ein Schloss, das stolz geschaut ins Land
Und dessen glückliche Besitzer hier gepflogen
Ein frohes Leben, dem Genuss nur zugewandt.

Auch waltete hier Macht auf stolzem Herrscherpfühle
Bald gnadenvoll und mild, bald jähzornig und schwer.
Hier nagten an den Herzen schmerzliche Gefühle,
Hier wogten Hass und Liebe quälend hin und her.

Und wieviel Mädchen in der Schönheit Jugendblüte
Sah einst in seinen Spiegel schauen dieser See!
Und welche Blumenpracht im Lenze hier erglühte,
Wenn mild die Frühlingssonne schien in heitrer Höh'!

Wie oft hat sie des Nachts der stolze Mond beschienen,
Bis hinter Wolken er sich dann beschämt verbarg!
Doch ach, die Zeit, die alles wegmäht, hat auch ihnen
Bereitet in der Erde einen ewigen Sarg.

8.

Von Liebe bin ich ganz für dich erfüllt.
        Dir pocht mein Herz
        Mit Wonneschmerz,
Warum bereitest du mir Leid dafür?
O, Sonnenantlitz, leucht ins Herze mir!
        O Lockenpracht,
        Schwarz wie die Nacht!
Erquicke mich, der ich mit Schmerz dich meid,
Spann nicht der Brauen Bogen mir zum Leid,
        Schau heiter her,
        Still mein Begehr!
Sei meiner Seel' ein Quell, der Labung bringt!
Ihr Wimpern, die als Wache ihr umringt
        Die schwarze See,[8])
        Thut mir nicht weh,
Bringt mich nicht um durch eure Grausamkeit!
Ihr Rosenwangen, jagt nicht fort so weit
        Mich Nachtigall,
        Die überall
Euch Liebe singt und nur für diese glüht!
Ihr Lippen, die ein Perlenband durchzieht,
        Erquicket mich
        Süss wonniglich

Durch ein verheissungsreiches Liebeswort!
Schneeweisser Busen, schönster Wollusthort,
  Wo zwei an Zahl[9])
  Mir bringen Qual,
Mir Flehendem, der ich umsonst nur fleh'.
O wenn ich deinen Arm dich rühren seh,
  Pocht sehnsuchtsvoll
  Mein Herz, das toll
Geworden ist von des Verlangens Glut.
O Wonnebild, werd mir doch endlich gut,
  Zieh mich an dich,
  Erheitre mich,
Der ich halb tot von dieser Liebe bin!

9.

O Brüder, traut nicht eurer Stärke,
Leicht kommt der Tag, da sie euch bricht!
Da euch die Liebe macht zu Sklaven
Und schwer in ihre Banden flicht.

Auch ich war einst Herr meines Herzens,
Mich rührte keine Zärtlichkeit,
Kein Feuerblick der schönsten Augen,
Kein Händedruck voll Innigkeit.

Sah ich der Liebe blasse Sklaven,
Lacht ich nur höhnisch über sie,
Denn dass ein Mann so schwach sein könne,
O das begriff ich damals nie.

Doch ach, mein Gleichmut nahm ein Ende,
Ein Augenblick brach meine Kraft.
Kaum sah ich sie und wie vom Blitze
War meine Stärke hingerafft.

Ein Schmerzensheer nahm mich gefangen,
Ein Seufzer meiner Brust entstieg,
Ich fühlte, dass ich schwer gefesselt,
Ergab mich sklavisch ihr und schwieg.

Ein Glutstrom meine Brust durchwallte,
Vom Seufzen ward mir's Atmen schwer,
Wild rann das Blut mir durch die Adern
Und ich erkannte mich nicht mehr.

Nikolaus Barataschwili.

1816 — 1846.

Barataschwili ist in der georgischen Litteratur einer der beliebtesten Lyriker und dies trotz seiner stark hervortretenden Neigung zur Melancholie, die dem georgischen Volkscharakter fremd ist. Die meisten seiner Gedichte tragen ein heimatliches Gepräge und sind reich an jener bunten Färbung, die seit Rustaweli der gesamten georgischen Dichtkunst einen auch die Abendländer bestechenden Zauber verleiht.

Der Dichter starb als Beamter in Elisabethpol und erst im Jahre 1893 wurden seine sterblichen Überreste nach Tiflis überführt und dort auf dem Friedhof der Vorstadt Didubeh beigesetzt.

1.

Mein Ross.

Fort trägt mich mein Ross auf ganz spurlosen Wegen,
Ein Rabe nur folgt mir mit wildem Geschrei.
Spreng vorwärts, o Ross, meiner Zukunft entgegen
Und mach mich von meiner Gedankenlast frei!

Jag fort über Felsen und gähnende Gründe,
Ras' weiter und kürz mir der Zeit trägen Lauf,
Scheu weder die Hitze noch eisigen Winde,
Denn alles ertrag ich, kein Schreck hält mich auf!

Gern flieh ich die Heimat, die Freunde und Lieben
Und sie, die ich koste in seliger Stund,
Ich wandre von quälender Sehnsucht getrieben
Und gebe mein Herzleid den Sternen nur kund.

Die Seufzer, die manchmal die Brust mir noch regen,
Die mag übertönen der Raben Geschrei!
Spreng vorwärts, o Ross, meiner Zukunft entgegen
Und mach mich von meiner Gedankenlast frei!

Mag fern von der Heimat der Tod meiner harren,
Damit keine Thräne benetze mein Grab,
Der Rabe mag mich in der Wüste verscharren,
Der Sturmwind sing heulend ein Grablied mir ab!

Anstatt falscher Thränen, von Heuchlern vergossen,
Befeuchte mein Grab einst nur himmlischer Tau!
Trag weiter, o Ross, deinen treuen Genossen,
Mich schreckt nicht des Schicksals vernichtende Klau!

Mein Tod soll in niemandem Mitleid erregen
Und selbst die Geliebte kein Herzleid mir weih!
Spreng vorwärts, o Ross, meiner Zukunft entgegen
Und mach mich von meiner Gedankenlast frei!

Nicht spurlos verschwindet der Pfad meiner Leiden
Und mancher, der nach mir, verirrt, ihn betritt,
Wird meiner gedenkend den Abgrund vermeiden,
Die Klippen umgehen mit vorsichtigem Schritt.

2.

Der Schöpfer sei gelobt, der dich erschuf
Und dir so schöne, dunkle Augen gab,
In deren Glanze ich mich ganz verlier
Und meine Seelenruhe fand ihr Grab.

Von Sehnsucht dich zu sehen leb ich nur
Und lieb ist mir selbst deines Namens Klang.
Ach, heil den Schmerz, den ich um dich erfuhr,
Von dem so blass geworden meine Wang!

Zwar bin ich arm, mein Mantel und mein Ross
Und dieser Dolch sind all' mein Hab' und Gut,
Doch wärst du mein, wär ich so reich und gross
Wie's der nicht ist, dess' Haupt auf Seide ruht.

3.

An den Ohrring.

Wie auf dem Lilienkelch der Schmetterling
Wiegt deines Ohres goldner Strahlenring
    Sich hin und her
Und spielt mit seinem winzigen Schattenschein
An deinem Hals, der weiss wie Marmorstein.

O zaub'risch' Ohrgehäng, glückselig ist,
Wer deines Schattens zarte Stelle küsst,
    Wer süss berauscht
Vom Lustsorbet in diesem Augenblick,
Dort seine ganze Seele lässt zurück.

4.

An das Kind.

O ich lieb des Kindes Lallen,
Höre gern die Stimme schallen,
Die so unverständlich süss
Wie entschlüpft dem Paradies
Klingt im heitern Elternhause.

Seine Welt ist voller Rosen,
Ausser seiner Mutter Kosen
Nichts ihm nah zu Herzen geht;
Tändeln ihm für alles steht,
Furchtlos seine Äuglein schauen.

Ihm ist unbekannt das Leben,
Das die Stürme wild durchbeben,
Und welch Glück es mit sich bringt,
Jeden Tag die Mutter singt,
Wenn sie ihren Liebling koset.

Lalle, du mein Engel, lalle,
Deine Stimme zärtlich schalle,
Da dir noch das Leben hold,
Da noch dein der Freiheit Gold
Und dir fremd des Kampfes Qualen.

5.

An das Tschonguri.[10])

Deine Seufzer, deine bangen Klänge,
Alle Schmerzenstöne deiner Saiten,
Wecken stets in mir Erinnerungen
An vergangene und bessre Zeiten.

Ach, mein Tschonguri, wann werden endlich
Lebensheitre Töne dir entklingen,
Die den schweren Gram vom Herz mir wehen
Und mir meinen Frohsinn wieder bringen?

Aber nein, vergeblich ist mein Harren!
Nimmer werden Freudenlaute dir behagen.
Immer werde ich von dir vernehmen
Des gebrochnen Herzens bange Klagen.

6.

Die Aragwa.[11])

Durchs Thal laut die Aragwa rauscht,
Dass es bis in den Bergen hallt,
Den Wald, der ihrem Tosen lauscht,
Frisch tänzelnd ihre Flut umwallt.

O traute Ufer, die ihr frei
Und heiter schaut weit in die Fern',
Zog ein Georgier je vorbei,
Der euch nicht sah von Herzen gern?

Der nicht hier stehn geblieben wär,
Wie sehr ihn auch die Eile trieb
Und einen Zug that und auch mehr
Vom Wein, der noch im Schlauche blieb![12])

Der nicht sein Pferd hier grasen liess,
Ein wenig schlief und dann erquickt
Von eurem Wasser, euch verliess
Mit lautem Sang, der's Herz berückt!
Und wenn er heim verspätet kam,
Fühlt er deswegen keinen Gram.

7.

Für dich
Will ich
Ausweinen die Augen,
Das Herz dann verbrennen
In glühender Liebe,
Als Asche
Dir zum Opfer, dir,
Die du alles mir!

Es glüht
Es blüht
Im Licht deiner Augen
Mein irdisches Eden,
Dein Lächeln entzückt mich,
Dein Lächeln beglückt mich
Es bringet
Mir der Weisheit Gut
Und des Wahnsinns Wut.

8.

Dämmerung auf dem Mta zminda.[13])

O heiliger Berg, dessen Stellen
Die Seele zum Träumen bewegen,
Wie bist du so schön, wenn die hellen
Goldstrahlen des Abends sich legen
Und schimmernd im rosigen Scheine
Schön prangt deiner Trümmer Gesteine.

Wie feierlich still ist's da immer
Hier oben ringsher auf dem Hange,
Welch herrlicher Bilder Geflimmer
Zeigt sich da dem Blick mit Geprange!
Und Weihrauch gleich steigen die Düfte
Der Blumen empor in die Lüfte.

O heut noch gedenk ich der Stunden,
Da schwer ich von Trauer beklommen,
Bei dir immer Trost noch gefunden,
Wenn einsam hierher ich gekommen
Und treu wie dem Freunde ergeben
Der Abend erneut hat mein Leben.

Wie schön warst du immer und milde,
O Himmel, du Trosthort der Herzen,
Von deinem damaligen Bilde
Trag ich noch den Abglanz im Herzen.
Noch heut strebt zu dir all mein Sinnen,
Doch muss es im Äther zerrinnen.

Ach, wend ich zu dir meine Blicke,
Vergess ich das irdische Leben
Und schmachtend nach himmlischem Glücke
Möcht ich von der Erde entschweben,
Doch Sterblichen ist's nicht beschieden
Zu teilen der Seligen Frieden.

So stand ich dort sinnend am Hange
Den Blick hoch gen Himmel erhoben,
Als lieblich des Maitags Geprange
Dahin schwand von Dämmrung umwoben
Und stillend des Herzens Gefühle
Ich einsog des Abendwinds Kühle.

O Berg, der du heiter und trübe,
Wer je dich nur einmal gesehen,
Dess Blick hängt an dir nur mit Liebe,
Der lindert bei dir seine Wehen.
Bei dir schwinden spurlos die Schmerzen
Gekränkter verwundeter Herzen.

Ringsher herrschte Schweigen und Stille,
Die Dämmrung umzog Berg und Thale,
Dann stieg aus der schimmernden Hülle
Der Mondsichel silberne Schale,
Und blinkend ihr nach wie mit Sehnen
Ein Sternlein, nicht schöner zu wähnen.

So war auf Mta zminda der Abend.
O heut noch ich seiner gedenke,
Wenn ich an den Bildern mich labend
Den Geist ins Vergangene lenke
Und auflebt in meinem Gemüte
Was welk heut und lenzig einst blühte.

9.

Wie gross auch deine Weisheit sei,
Denk nicht, dass sie vollkommen sei!
Trink noch soviel vom frischen Quell,
Er sprudelt weiter klar und hell.

10.

Ein rauher Wind nahm fort die duftige Blüte,
Die meines Lebens Kraft und Zierde war.
Einst nährte sie der frische Tau des Himmels,
Bis Thränen sie zerstörten ganz und gar.

Wenn manchmal ich ein Blättchen von ihr finde,
Bin ich in meinem Elend dessen froh,
Jedoch sofort wird schwerer noch mein Herzleid
Ums Glück, das mir für ewige Zeit entfloh.

11.

Was ist denn unser Leben, unser kurzes Sein?
Ein Becher, der nie voll wird, sei er noch so klein.
Wo ist der Mensch denn, dessen Herz Befriedigung fand
Und dem mit dem Genuss auch das Verlangen schwand?

Elias Tschawtschawadse.

Entstammt wie Al. Tschawtschawadse einem kachetischen Fürstengeschlechte und wurde im Jahre 1837 in Kwareli in Kachetien geboren, wo sein Vater ein Erbgut besass.

Nach Beendigung des Gymnasiums in Tiflis studierte er in St. Petersburg die Rechte, worauf er in seine Heimat zurückkehrte. Seit ungefähr 20 Jahren ist Elias Tschawtschawadse Verwalter der Tifliser Adelsbank und seit 1886 Herausgeber der georgischen Zeitung „Iweria.“

In seinen Jugendjahren veröffentlichte er zwei Erzählungen „Kazia Adamiani“ (Ist das ein Mensch?) und „Glechis Naambobi“ (Erzählung eines Bauern), die durch ihre wuchtigen Schilderungen aus dem Leben der Gutsbesitzer und Bauern unter seinen Landsleuten einen Sturm der Entrüstung hervorriefen. In denselben geisselte er schonungslos die Makel und Unsitten seiner Standesangehörigen und

*trat mutig für die Rechte der damals noch
leibeigenen Bauern ein.*

*Seitdem schrieb Elias Tschawtschawadse
nur noch eine Novelle „Otaraant krwiwi" (die
Witwe Otaraant), welche die sittlichen Bezie-
hungen der gebildeten zur ungebildeten Volks-
klasse zum Vorwurfe hat.*

*Bedeutend mehr schaffte er als Dichter und
steht als solcher an der hervorragendsten
Stelle des georgischen Parnasses. Er ist Verfasser mehrerer epischer Dichtungen, die die
Vergangenheit seines Vaterlandes behandeln
und hat ausserdem eine stattliche Reihe gehalt-
voller und ideenreicher Gedichte geschrieben.*

*Eine seiner formvollendetsten Dichtungen
„Gandegili" (der Einsiedler) ist von Tchors-
hewsky ins Russische und von Miss M. Wardrop
ins Englische übertragen worden.*

*Seit einigen Jahren hat El. Tschawtscha-
wadse seine dichterische Thätigkeit fast gänzlich eingestellt, wogegen er seine Mussezeit
der von ihm herausgegebenen Zeitung widmet,
in welcher oft Leitartikel aus seiner Feder
erscheinen.*

⁂

1.

Frühling.

Wieder lacht die milde Sonne
Und die Lerche singt,
Alles schwelgt in süsser Wonne,
Die der Frühling bringt.

Längst schon prangt in Feld und Hainen
Frischer Blumentand.
Wann wird dein Lenz denn erscheinen,
Teures Heimatland?

2.

Abenddämmerung im Alasanthale.[14])

Am Heimatshimmel hängt der Dämmerungsschleier
Und hingestreckt vom sanften Mondenschein
Der Berge Schatten hehr im Thale liegen.
Wo wild die Alasan rauscht durch's Gestein.

Der ewig blasse Mond, der Nächte König
Zieht still und feierlich am Himmel hin
Und flüstert leise mit den Riesengletschern,
Die silberstrahlend in der Ferne glühn.

Im tiefen Äther hell die Sterne flimmern
Und heiter schaun sie durch die Dämmernacht
Hin auf die stille Erde mit Behagen
Als wären sie verliebt in ihre Pracht.

Tief unter diesem ewigen Lichtermeere
Schläft regungslos das herrlich schöne Thal,
Der Bergwind nur schleicht flüsternd durch die Wälder
Und in der Tiefe braust der Wasserfall.

Er murrt und tobt als grolle er den Menschen,
Als wär zuwider ihm ihr eitles Thun,
Und schweigend lauschen ihm die hohen Berge,
Die frei vom Menschenjoch im Äther ruhn.

Es schlummert alles, was am Tage atmet,
Als wären Erd' und Himmel lebensmüd.
Den Weg nur weckt das Knarren eines Wagens
Und eines Fuhrmanns traurig Wanderlied.

Ach, dieses Lied klingt mir im Herzen weiter,
Wie eine Sterbeglocke hallt sein Ton,
Doch mag's dem leidenden auch Trauer bringen,
Weht es den Harm doch wieder auch davon.

3.

Der Dichter.

Ich sing nicht, wie der Vogel singt,
Dem jede Sorge unbekannt.
Zum Lautenspiel, das süsslich klingt,
War ich von Gott nicht hergesandt.

Des Himmels Sprosse bin ich zwar,
Doch zog ein Erdenvolk mich gross
Und Gottes Wort treu immerdar
Streb ich dem zu, was hehr und gross.

Die heilige Glut in meiner Brust
Ward mir nur für mein Volk verliehn,
Damit ich ihm in Weh und Lust
Ein treuer Freund und Bruder bin.

Damit sein Leid auch meines sei,
Ich mit ihm darbe und entbehr'
Und fremden Schmerz mein Fühlen weih,
Als ob mein eigener er wär.

Wenn diese Glut mein Herz durchdringt,
Stimm ich ein Lied begeistert an,
Das lindernd in die Seelen klingt
Und manche Thräne trocknen kann.

4.

In der Fremde.

Still zieht der Mond am Himmelszelt dahin
Und senkt hernieder seine blassen Strahlen,
Die Erde schlummert, keine Lüftchen ziehn
Mit Flüstern durch des Waldes grüne Hallen.

Wie glückberauscht die Welt im Schlummer ruht,
Des Friedens Stille liegt auf allen Fluren.
Mein Herz nur pocht in banger Sehnsuchtsglut
Und folgt mit Bangen meiner Trauer Spuren.

Es fühlt wohl, dass des fremden Himmels Bild
Und blassen Sterne mich daran gemahnen,
Dass einst ein schönrer Himmel, hell und mild
Auf mich geschaut im Lande meiner Ahnen.

5.

O Jugend, wo sind deine schönen Tage,
Wo der erhabnen Liebe Glück und Leid?
Früh der Gefühle bar steh ich und klage
Und gleich dem kahlen Baum zur Frühlingszeit.

Entschwunden sind der Jugend Zauberträume,
Mit ihnen auch der Glaube und ich schau'
Welk und zerstreut in weite, ferne Räume
Die· Hoffnungsblumen meiner Jugendau.

Der Zweifel hemmte meines Herzens Triebe,
Er nannte eitel seine heilige Glut
Und hat zerstört, was aufgebaut die Liebe.
Weh dem, der jung verlor den Jugendmut!

6.

An meine Feder.

O Feder, liebe Feder, uns frommt der Beifall nicht,
Wir dienen treu und bringen die Wahrheit nur ans Licht.
Wir wollen furchtlos senden das Wort weit in die Welt,
An jedem Übel rütteln bis es in Staub zerfällt.

Wenn Menschen nicht verstanden, wie gut wir es
gemeint,
Weiss Gott doch, dass dem Guten wir waren stets
vereint.
Der Heimat Wohl zu fördern bezweckte unser Thun
Und ihm nur woll'n wir dienen bis wir im Grabe ruhn.

Weil frei ich unsre Laster den Menschen kund gethan,
Sagt man, dass ich betreten aus Feindschaft diese Bahn.
Dies kann ein Thor nur sagen und jedes edle Herz
Begreift, dass mich bewogen der reinsten Liebe
Schmerz.

7.

Frage und Antwort.

Frage.

Schön, zauberschön bist du mein Heimatland,
Dich schmückt ein wundervolles Prachtgewand.
Doch ach, je schöner ich dich prangen seh,
Um desto grösser wird mein Herzensweh.

Dich anzuschaun wird nie mein Auge satt
Und dir zu lauschen auch mein Ohr nicht matt,
Doch ach, je liebenswerter ich dich seh,
Um desto grösser wird mein Herzensweh.

Wo sind noch Reize des Verlangens wert,
Die dir, o Land, der Schöpfer nicht bescheert?
Doch ach, je reizumwobner ich dich seh,
Um desto grösser wird mein Herzensweh.

Wer deine Fluren schaut, der findet nur
Bei jedem Blick des Gottessegens Spur.
Doch ach, je segensreicher ich dich seh,
Um desto grösser wird mein Herzensweh.

O sag, warum dort so das Herz verzagt,
Wo ihm stets neue Lebensfreude tagt?
Warum noch schwerer wird mein altes Weh,
Je schönheitsreicher ich dich prangen seh?

Antwort.

O ja, ein Paradies bin ich und ihr?
Nur Leid bereiten meine Kinder mir.
Dort auch das Paradies zur Hölle wird,
Wo Feindschaft alles nur zum Übel führt.

Mich lieben viele, zu der Liebe Hort
Scheint wie geschaffen dieser Strahlenort,
Jedoch anstatt mit Liebe euch zu nahn,
Verfolgt ihr euch mit bittern Hasses Wahn.

Gesegnet hat mich reichlich die Natur,
Doch euch frommt nicht der Segen meiner Flur.
Dort auch der Heiligste in seinem Thun erschlafft,
Wo schwach das Gute, gross des Bösen Kraft.

Ja, reich bin ich an allem, aber ihr
Entreisst euch hungernd euer Brot mit Gier.
Ich spende euch des Lebens süsses Gut,.
Doch ihr saugt euch einander aus das Blut.

Im Eden selbst, das prangt in ewigem Grün,
Wird nie das Leben heilkräftig erblühn,
Wenn es des Segens heiliger Tau nicht nährt,
Den Redlichkeit und frommer Sinn bescheert.

8.

Auf den Tod
des Dichters Nikolaus Barataschwili.

O Dichterjüngling, grausam war dein Tod!
Wer weiss, wie viel der Schätze wir verloren,
Wie viel Empfindungen dein Herz noch bot,
Dies treue Herz, zum Lieben nur erkoren!

Wie viel Gedanken nahmst du mit dir fort!
Für ewig bleibt ihr Sinn für uns verschlossen.
Und wie viel Hoffnungsknospen sind verdorrt
Noch eh sie deinem jugendlichen Herz entsprossen!

Verwaist sind jetzt nicht deine Eltern nur,
Ein ganzes Volk beweint dich schmerzlich bange.
Doch deinem Tode folgt des Lebens Spur,
Das ewig währt in deines Liedes Klange!

9.

Der Kasbek.[15])

Die Sonne steigt mit neuer Pracht· empor,
Schon hat ihr Licht sie auf die Welt ergossen,
Von einem rosig goldnen Schimmerflor
Sind aller Berge Gipfel reich umflossen.
Mit Glanz thront über seinen Nachbarn weit
Der Kasbek zwischen Erd und Himmel,
Wie immer hehr und gross an Herrlichkeit,
Hoch überragend des Gewölks Gewimmel.
Er ragt empor wie aus der Unterwelt
Hinauf gedrängt den Himmel zu zerspalten,
Doch eine Macht sich ihm entgegenstellt
Und scheint sein kühnes Streben aufzuhalten.
Sein Gipfel, der mit ewigem Eis gekrönt,
Glänzt nun im goldnen Licht der Sonnenstrahlen
Und seine Flanken, die der Sturm umdröhnt,
Schaun drohend nieder zu den stillen Thalen,
Als harre des Verhängnistages er
Um hinzustürzen zu der Ebene Grunde,
Dann zu versinken, alle Welt umher
Und sich vernichtend zu derselben Stunde.

10.

Das Gewitter.

Die Wolke wuchs, wie eine schwarze Mauer
Stieg sie am Abendhimmel hoch empor
Und krachend rollte hin der schwere Donner,
Als wollte sprengen er des Himmels Thor.

Von seinem Schlag erbebten alle Felsen,
Die ganze Welt versank in Finsternis
Und Nacht und aus der schweren, schwarzen Wolke
Sich los des Hagels dichte Woge riss.

Des Regens unaufhaltsam heftiges Fluten,
Des Hagels Knattern und des Blitzes Strahl,
Des wilden Sturmes ungestümes Heulen,
Des Donners Rollen und sein Widerhall,

Dies alles bildete, in eins zerronnen,
Ein Höllenschauspiel wie zum Schreck verliehn,
Aus dem des Schöpfers zornerbebte Stimme,
Des Strafgerichtes Ruf zu dröhnen schien.

11.

An die Aragwa.

Aragwa, heimatlicher Strom,
Du bist mir wert und bleibst es immer!
Hier strahlte einst in ferner Zeit
Des Vaterlandes Ruhmesschimmer.

Hier über deiner klaren Flut
Ging auf sein Glanz in alten Tagen
Und dem Georgier hallte oft
Wie Wiegengruss dein Wellenschlagen.
Für ihn war stets bedeutungsvoll
Das Rauschen deiner schnellen Wogen.
Zum Schutze seiner Heimat kam
Er mutig zu dir hergezogen.
In Strömen floss hier oft sein Blut
Benetzend deine Uferaue.
Dort, wo du in den trüben Kur
Ergiessest deine Flut, die blaue,
Hat unser Leben einst geblüht,
Dort auch die Schlachtenrufe klangen!
Jahrhunderte sind so im Lauf
Wie deine Wogen hingegangen.
Viel Krieger fielen hier im Kampf,
Viel Sagen mit der Zeit entschwanden.
Wie oft hab ich, o Heimatsstrom,
Auf dich hinschauend hier gestanden!
Ich träumte hier von grauer Zeit
Und fragte dich nach alten Tagen,
Doch nur das Blut, das einst hier floss,
Gab Antwort mir auf meine Fragen.

12.

Am Ufer des Kur.[16])

So hör ich wieder dein vergessnes Rauschen,
O Heimatsstrom, und aufgewacht vom Schlummer
Regt meine Seele wieder banger Kummer,
Denn nur betrübt mag deinem Spiel ich lauschen.

Ja, wieder deckt sich auf die alte Wunde,
Der Schmerz um's Land, einst so erhaben,
Als läg in deiner Flut die Pracht begraben,
Die einst geblüht auf dieser Berge Runde.

Von jener Zeit, die hehr dahin gegangen,
Reicht zu uns kaum noch ein Erinnerungsschimmer.
Drum Heimatsstrom, der du heut rauschst wie immer,
Trag jener Zeit mein Träumen und Verlangen!

13.

Ich sah die Teure, wie sie heisse Thränen
Um ihrer Liebe Missgeschick vergoss,
Wie ihre Lilienhand vom Schmerze zitternd
Ein halb verwelktes Röschen zart umschloss,
Und ich stand nah und schaute hin nach ihr,
Und weinte auch, denn ach, ihr Schmerz galt mir!

Nach Tagen sah ich dann die Teure wieder,
Ein frisches Röschen hielt sie in der Hand,
Von Wonne strahlten ihre schönen Augen,
Ein Lächeln sich dem süssen Mund entwand.
Und ich stand fern und schaute hin nach ihr,
Und weinte noch — ihr Glück galt ja nicht mir!

14.

Gedenkst du, Teure, noch der Wonnetage,
Da harmlos wir in unserm Garten spielten
Und unbekannt mit jeder Herzensplage
Wie zwei Geschwister uns umschlungen hielten?

Nach Jahren, als wir wieder dort beisammen,
Gabst eine Rose du mir zum Geschenke,
In deinen Augen zuckten Liebesflammen,
Du sprachst: „Nimm hin und meiner stets gedenke!"

Nach Tagen, als wir wieder dort beisammen,
Sankst du mir an die Brust mit süssem Beben
Und ich, erwiedernd deiner Liebe Flammen,
Hab zitternd dir den ersten Kuss gegeben.

O dachtest du, o dachten wir wohl beide
In jener himmelsüssen Wonnestunde,
Wie nah ich war dem schwersten Herzeleide,
Welch Gift ich sog aus deinem Rosenmunde?

Ach, dieser Kuss, so süss an jenem Tage,
Sollt bald zu Gift durch deinen Treubruch werden
Und dem bereiten schwere Herzensplage,
Der dich geliebt wie keiner hier auf Erden!

15.

Die schlafende Jungfrau.

Mit Wonne schau ich hin auf dich,
Die du dem süssen Schlaf ergeben,
Und Seligkeit empfinde ich,
Seh ich die weisse Brust sich regen.

Ich hör des Herzens Schlag, das mild
Und harmlos noch in Unschuld lebet.
Auf deiner Wang der Rose Bild,
Um deinen Mund in Lächeln schwebet.

Dein Schlaf, o Maid, ist süss und rein
Wie ein Gebet von heiligem Munde
Und eines Engels Fittigschein
Schützt dich in deiner Ruhestunde.

So rein wie du dein Atem ist,
So duftend wie des Frühlings Rosen!
O der, dem du beschieden bist,
Der wird mit einem Engel kosen!

16.

O Maid, die du mich quälst, ich weiss,
Du bist bei weitem nicht so schön,
Dass sich gebannt in deinen Kreis
Gleich alle fühlten, die dich sehn.

Jedoch ein etwas ist in dir,
Das seligen Eindruck auf mich übt.
O jetzt begreif ich, dass es hier
Verwandtschaft unter Seelen giebt.

17.

O überglücklich würde ich mich wähnen,
Wenn deine Liebe ganz der meinen glich
Und dir mit holder Scham und sanftem Sehnen
Ein einziges Geständniswort entwich!

O dürft' ich liebend dir ins Antlitz schauen,
Dein schönes Haupt sanft schmiegen an die Brust!
Ich würd' mich dich zu küssen nicht getrauen
Trotz des Verlangens nach so süsser Lust.

O dürfte ich mein Haupt ans Herz dir legen
Und lauschte seinem Pochen so mein Ohr,
Würd' sich in mir doch kein Verlangen regen,
Denn deine Unschuld schützte mich davor.

18.

Aus der Dichtung „Der Einsiedler" (Gandegili).

I.

Fern auf des Kasbeks Gletscherspitze,
Die selbst der Adler nicht erreicht,
Wo Stürme toben, Schnee und Blitze
Und jede Spur des Lebens weicht.
Wo nie zerschmilzt im Sonnenstrahle
Das Eis, das aufgetürmt die Zeit,
Kein Laut durchtönt die Himmelshalle
Als mächtigen Donners Herrlichkeit,
Ward eingehaun vor vielen Jahren
Ein Kloster in die Felsenwand.
Betlehem nannten's die Vorfahren
Und so wird es auch jetzt genannt.
Umgeben ist's von jeder Seite
Von Eis, das in der Sonne bleicht,
Schwarz blinkt der Eingang in die Weite,
Der einem Adlerhorste gleicht.
Dort sieht man eine Kette hangen
Bis an der Eiswand Fuss. An ihr
Kann man ins Kloster nur gelangen,
Denn andre Wege giebt's nicht hier.

II.

Hierher entfloh in alten Zeiten
Der Gottesdiener fromme Schar,
Für die trotz aller Herrlichkeiten
Das Erdenleben reizlos war.

Dem Lobe Gottes hingegeben
Ein jeder hier den Frieden fand
Bis rein er schied aus diesem Leben
Und fort zog in ein bessres Land.
Jetzt ist das Kloster längst verödet,
Doch die Erinnrung lebt noch fort
Im Volke und mit Ehrfurcht redet
Ein jeder von dem Gnadenort.
Ihn wagt kein Senne zu betreten
Und auch kein Jäger, wenn's geschieht,
Dass bis hierher in Angst und Nöten
Die angeschossne Gemse flieht.
Der Glaube herrscht im ganzen Volke,
Dass ihm nur Heilige dürfen nahn,
Wogegen Blitz aus schwarzer Wolke
Hier harrt um Sündige zu empfahn.

Akaki Zereteli.

Geboren 1840 in Satschcheri, in dem an landschaftlichen Reizen reichen Oberimeretien, als Sohn eines Gutsbesitzers. Seine höhere Ausbildung genoss er an der St. Petersburger Hochschule, wo er morgenländische Sprachen studierte. Schon in früher Jugend wandte er sich der Schriftstellerlaufbahn zu. Einige Zeitlang gab er in Kutais das Wochenblatt „Schroma" (Arbeit) heraus, während er gegenwärtig die Monatsschrift „Krebuli" (Sammlung) leitet. Er gilt für einen der gewandtesten Redner in Georgien und hat auch als Publizist einen nicht unbedeutenden Kreis von Anhängern.

1.

Unsrer Frauen Liebe.

Ein hehr Gefühl voll edler heiliger Triebe
Ist für die Kartalinierin [17]) die Liebe.
Ihr ist der Mann ein Eisen fest und stet
Und sie für dieses Eisen der Magnet.

Berechnung ist noch neben dem Gefühle
Stets bei der Imeretierin[18]) im Spiele.
Sie denkt sich: eine Maus ist just der Mann,
Das Weib die Katze, die ihn necken kann.
Sie lockt und treibt ihn hin in ihre Fallen,
Hält eine Zeitlang ihn in ihren Krallen,
Lässt ihn dann wieder für ein Weilchen los,
Damit nicht allzu bitter sei sein Loos.
Lässt ihn stets zwischen Freud und Leiden schweben,
Schlägt ihn nicht tot und lässt ihn auch nicht leben,
Und wenn er dann verloren alle Kraft,
Sie schnell ein neues Opfer sich verschafft.

Geheimnisvolles, ungestümes Minnen
Verlangen immer die Mingrelierinnen.[19])
Sie sagen: Wahre, echte Liebe dringt
Durchs Fenster ein, wenn's anders nicht gelingt —
Und sie erschreckt die Thür vor ihr verschliessen.
Rasch wie ein Pfeil soll sie zum Herzen schiessen,
Das Weib mit Glut erfüll'n, mit Angst sogar
Und ihre Weihe finden am Altar.

Die Gurierin,[20]) die kann die schweren Wehen
Geheimnisvoller Liebe nicht verstehen.
Sie sagt: Frei, offen muss die Liebe sein
Und selbst vermeiden des Geheimen Schein,
Untrennbar fest soll sie die Herzen binden
Und darf erst mit dem Tode schwinden.
Ein starker Löwe, sagt sie, sei der Mann
Und ich die Löwin, die ihm zugethan.

Mit mir soll sanft er wie die Taube girren,
Doch andre Frauen selbst sein Blick verwirren.
Auch auf die Männer streng er blicken mag,
Damit kein einziger mir zu nahen wag'!

2.

Die Liebe.

O tückisches Gefühl, warum sagt man von dir,
Du seist des Himmels wertvollste und schönste Gabe,
Da du uns Qualen bringst und Leiden für und für
Nach kurzer und oft nur minutenlanger Labe?

Wohl, weil die reichste Quelle aller Seligkeit
In deinem rätselhaften Keime liegt verborgen?
Und wenn du dann entfliehst, folgt deinen Spuren weit
Ein dorniger Pfad von Gram und trauervollen Sorgen.

O unstetes, o nimmer ruhendes Gefühl,
Du wanderst ziellos nnd entfachst im Menschenherzen
Zwar Wonneglut, doch wahllos wie zum Spiel,
Und alles, was wir ernten, sind nur Groll und Schmerzen.

Gefürchtet und von allen doch ersehnt, bist du
Das mächtigste Geheimnis in der Menschen Leben.
Doch süss muss sein der Schmerz, da alle ohne Ruh
Mit glühndem Herzensdrang ihn zu geniessen streben.

3.

Ich kenne des verliebten Weibes Herz,
Des Himmels Wonne und der Hölle Schmerz,
Das Gute und das Böse wohnen dort
Gebannt durch Zauberkraft an diesen Hort.
Es spendet nektarsüsse Arzenei
Und Gift und Galle auch dabei.
Es lockt und fesselt uns der Zauberquell,
Der süss im Anfang ist, doch ach, wie schnell
Wird bitter er und von dem kurzem Glück
Bleibt dann für lange Leid und Weh zurück.

4.

Aus dem Drama „Tamar Zbieri“.

Ich möcht' eine Rose sein, duftreich und prangend,
Damit du als Nachtigall weiltest bei mir,
Und Lieder mir sängst, stets nach mir nur verlangend,
Von Leidenschaft bebend und Wonnebegier.

Ich möchte ein Veilchen sein, duftreich und prangend,
Damit du der Tau seist, der nährt und erquickt.
Ich schlöss in den Kelch dich, nach dir nur verlangend
Und labte an dir mich, unendlich beglückt.

Und wärst du der Epheu, so wär ich mit Wonne
Für dich die Zypresse und hätt' ich das Recht
Unsterblich zu leben hier unter der Sonne,
Möcht' ich ihm entsagen mit seliger Lust
Für eine Minute am Pfühl deiner Brust.

5.

Georgierin bin ich. Unauslöschliche Glut
Durchtobt mein schmachtend Herz, mein unruhiges
Blut.

Nur seiner Rede lausche ich bei Tag und Nacht,
Verzehrt von des Verlangens süsser Zaubermacht.
Der Liebe gänzlich mich zu opfern, mich zu weihn
Litt ich, den Einzigen suchend wahre Höllenpein.
Ich suchte ihn mit schmerzensreicher Ungeduld
Und fand ihn nicht, doch daran war mein Schicksal
schuld

Nicht ich. Des blinden Schicksals blosser Zufall nur!
Kreist nicht der Schmetterling beim Flattern auf der
Flur

Um manches Unkraut auch bis er die Blume fand,
Die liebliche, der sein Verlangen zugewandt?
Kaum sah ich ihn, als Herz und Seele im Verein
Ausriefen: „Das ist er, den du gesucht mit Pein!"
Ja, ich gehöre ihm heut und für alle Zeit!
Mein Schicksal liegt in seiner Hand, ist ihm geweiht!

Aus „Tamar Zbieri".

6.

Ja, gleich dem Monde, der erreicht die Fülle
Und seines Glanzes höchste Strahlenpracht,
Mit Stolz hernieder schaut vom blauen Himmel
In unsrer Erde stille Zaubernacht,
Prangt meine Schönheit stolz, erhaben
In ihres Blütenlenzes Üppigkeit.

Der Jahre Flucht ist vor ihr stehn geblieben.
Fern von sich hält sie die Vergänglichkeit.
Und meinen Jahren immer noch zum Trotze
Empfange ich der Herzen Huldtribut.
Es zittern in der Leidenschaften Fesseln
Vor mir sich beugend und verzehrt von Glut
Machtreiche Feldherrn und die kühnsten Helden.
Ja, mir zu Liebe übertreten gar
Der Kirche Diener die Gebote Alle
Zieht meine Schönheit an Des Willens bar
Muss ihrem Zauber jeder unterliegen.
Den Seh'nden blendet meine Schönheit ganz
Und sogar Blinde fühlen ihren Glanz.

Monolog Tamarens aus demselben Drama.

7.

O ich möcht ein Vogel sein,
Singen süss im Sonnenschein,
Von der Erde mich erheben
Und im klaren Äther schweben,
Dort, wo in der weiten Ferne
Zahllos blinken helle Sterne,
Wo des Mondes Silberstrahlen
Lieblich sich im Azur malen,
Wo von meiner Feinde Pfeilen
Mich kein einziger könnt ereilen.
Dort von diesen Himmelsau'n
Möcht ich meine Heimat schaun.

8.

Frühlingsmorgen.

Wie eine Jungfrau, die mit Bangen
Der Ankunft des Geliebten harrt,
Die bebt und glüht und mit Verlangen
Nach Wonne in die Ferne starrt.

So harrt der neuen Aufgangssonne
Der Morgenstern am Himmelszelt,
Und wie beseelt von Lebenswonne
Singt eine Hymne ihm die Welt.

Der duftige Morgenwind der Felder,
Der auf die Wiese zieht vom Hain,
Das Säuseln in dem Laub der Wälder,
Stimmt alles in dies Loblied ein.

Und zum Empfang der Himmelsgabe
Die Rose zart ihr Köpfchen hebt,
Tau perlt auf sie zur Morgenlabe,
Sie öffnet ihren Kelch und lebt.

Jetzt wie entzückt beginnt ihr Singen
Die frühlingsfrohe Nachtigall,
Und schickt zu Gott auf luftigen Schwingen
Des schönsten Liedes Zauberschall.

9.

Wunsch.

Langes Glück wünsch ich der teuern Lieben,
Will, dass niemand sie zu schrecken wage,
Noch durch bittres Leid sie könnt betrüben
Oder schmeichlerisch ihr Gunst entgegen trage!

Mag ihr teurer Name wieder klingen
Hehr wie einst, auf dass ihn alle kennen.
Mögen brüderlich sich die umschlingen,
Die ihn auch den ihren nennen.

Rustawelis Laute mag erschallen
Ihr zum Ruhme wie in fernen Tagen,
Dass erwärmt die Herzen wieder wallen,
Die erkaltet jetzt so träge schlagen!

10.

Flamme auf, du, meine Fackel,
Leucht mir durch die dunkle Nacht!
Leuchte zu! bald ist zu Ende
Deines Lichtes helle Pracht.

Dir gleich glimmt und schmilzt mein Leben:
Seine Zeit ist nicht mehr lang.
Wenig freut mich, was vergangen,
Vor der Zukunft ist mir bang.

Drum mein Leben, das du schwindest
Unaufhaltsam so mit mir,
Freun wir uns des heutigen Tages,
Sein wir heiter für und für!

11.

Aus „Salamuri" (Schalmey).

Wo bist du und wo tönen deine Lieder,
Du meiner Heimat klangreiche Schalmey?
Warum hallt mir kein Ton im Herzen wieder
Hier, wo des Nordens Sturmwind braust vorbei?

Wenn in der Heimat dich die Hirten spielen,
Erklingt dein süsses Lied durch Berg und Thal,
Der Freude Töne hell zum Himmel quillen
Und die der Trauer sind wie Höllenqual.

Und wie an eines Bruders Busen schmiegen
Sich meine Träume deinen Klängen an,
Und aufgedeckt seh ich da vor mir liegen
Der Vorzeit blutgetränkte Schicksalsbahn.

Schalmey der Heimat, du! In Freud und Wehe
Bist du uns lieb. Du lockst aus alter Zeit,
Durch Nebelfernen her in unsre Nähe
Gar manches Bild, an dem das Herz sich freut.

12.

Schwanenlied.

Wenn nahe ist des Schwanes Sterbestunde,
Stimmt plötzlich er ein Lied begeistert an,
Sanft stirbt er hin und weit klingt durch die Runde
Der Töne Strom und steigt zum Himmel an.

Die Flut strahlt unter ihm wie in der Höhe
Des Äthers Blau und frei fliesst hin sein Lied,
An Zauber reich und ohne Schmerz und Wehe,
Des Lebens und des Todes Bindeglied.

Wie Abendstrahlen in der Nacht zerrinnen
Die Töne in der Stille bis sie mild
Für ewige Zeit verstummen und von hinnen
Das Leben flieht, von wonnigem Rausch erfüllt.

O könnt ich auch mein Leben so beschliessen
Und wie der Schwan in einen letzten Sang
Vom Heimatland die Seele ganz ergiessen
Und sterben süss berauscht von seinem Klang!

13.

Lied der Mäher.

Jetzt wetzen wir Brüder die Sicheln
Und stimmen das Erntelied an!
Der Vormäher lacht und mit Freude
Schaut er unser Weizenfeld an.
He, Vormäher, warte und leere
Das Horn, das mit Wein wir gefüllt!
Dann wirst du die Sichel gut rühren,
Wenn du deinen Durst erst gestillt.
Auch wir werden wacker uns sputen
Und dir an der Seite stets sein.
Das Hemd auf der Brust weit geöffnet
Gehn blitzschnell wir bis an den Rain.
Ja, arbeiten frisch wir zusammen!
Die Arbeit macht froh und gesund.
Und bleibt einer träge zurücke,
Dem stopfet mit Weizen den Mund!
Still! Hört ihr die Taube dort girren?
Die Ernte gefällt ihr nicht sehr.
He, Brüder, rührt hurtig die Sicheln,
Schaut aber auf mein Werk auch her
Und wenn ich zurück bleib beim Mähen
So nennt mich ein schwächliches Weib!

14.

Lied eines Kinto.[21])

Vor Liebeslust und Wonne
Berausch ich mich am Wein.
Um meiner Liebsten willen
Litt ich gern Todespein.

Glut haben ihre Reize
Im Herzen mir entfacht.
Tags ist sie meine Sonne,
Mein Mond ist sie bei Nacht.

Die Glut wird erst erlöschen
Beim letzten Herzensschlag.
Wenn ich mein Lieb' nicht sehe,
Wird dunkel mir der Tag.

Da leid ich und verschmachte
Und weine heisses Blut,
Bis ich nicht Lindrung finde
Für meine Herzensglut.

Vor Liebeslust und Wonne
Berausch ich mich am Wein.
An meine Liebste denkend
Litt ich gern Todespein.

15.

Auf dem Wege fand ich einen bunten Stein,
Wie ein Kleinod barg ich ihn an meiner Brust.
Aber nein, es war der Liebe Glutenschein,
Den ich lange Jahre trug mit Wonnelust.

Als zum Feldstein wurde dieser bunte Stein,
Fand ich ihn zu tragen keine Kräfte mehr.
Ja, der süssen Liebe Wonne brachte Pein,
Brachte Qual, die für mein Herz zu schwer.

Wieder legte ich den Stein am Wege hin.
Mag ihn einer finden, der sich glücklich fühlt.
Mag die Liebe eines andern Herz und Sinn
So erfüll'n wie mich, der ich jetzt abgekühlt.

Regentropfen werden fallen auf den Stein,
Um die Liebe fallen Thränen heiss und schwer,
Doch ins kalte Herz dringt keine Glut mehr ein
Und der Stein erglänzt wie früher nimmermehr.

16.

An den Geliebten.

Es weckt der warmen Sonne Strahl
Die Rosenknospen zum Erblühn,
Tau ist ihr frisches Morgenmahl
Bis sie in roter Pracht erglühn.

Empfindung sanft die Jungfrau nährt
Bis Liebe ganz ihr Herz erfüllt.
Giebt's ein Gesetz, das ihr dies wehrt
Bis ihr Verlangen sie gestillt?

Mich traf die Neigung wie ein Strahl.
Die Liebe mir das Herz fast bricht.
Nach dir verschmachte ich mit Qual.
O tadle mich deswegen nicht!

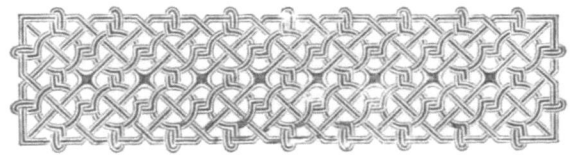

Wachtang Orbeliani.

1.

Gelati.[22])

Auf der Erde giebt es einen Flecken,
Dessen Schönheit unbeschreiblich ist.
Jeder wird das Eden hier entdecken,
Das der Mensch seit Adams Fall vermisst.

Nur mit Leid wirst du hinweg dich wenden
Von der Pracht, die hier dein Auge sieht
Und dann bange Seufzer zu ihm senden,
Wenn sein herrlich Bild sich dir entzieht.

Milde Kühle und gewürzte Düfte
Bringt der Bergwind ihm zur Sommerzeit,
Ewigen Sonnenglanz und milde Lüfte
Ihm der Winter freundlich auch verleiht.

So wie nirgends glänzen ihm die Sterne,
Denn sie lieben seine Frühlingspracht.
Seine ewig heitre Himmelsferne,
Seine duftdurchhauchte Wonnenacht.

Stolz umgrünt von tausendjährigem Moose,
Schön umrahmt vom klaren Himmelsblau,
Steht hier trotzend allem Sturmgetose
Wetterfest ein mächtiger Riesenbau.

Ernsthaft, feierlich scheint er zu sagen
Allen Bergen, die sich um ihn reihn:
Schaut mich an! Aus längst vergangnen Tagen
Steh ich unversehrt hier noch allein!

Was er ist, das mögt ihn selbst ihr fragen.
Jeder Stein giebt euch die Antwort dort;
Seine tausendjährigen Mauern tragen
Mehr Beredsamkeit als Dichterwort.

Sie erzähl'n euch: Mächtiger Menschen Hände
Haben kraftvoll mich hier aufgeführt,
Tausend Jahre lang hat meine Wände
Jeder Wetterstrahl mit Wucht berührt.

Hagelsturm und schweren Donners Stösse
Peitschten grimmig jeden Mauerstein,
Doch ich steh noch fest in Macht und Grösse,
Was ich bin, kann ich noch lange sein.

Ich nur und des ewigen Himmels Hallen
Sind die einzigen Zeugen, die's geschaut,
Wie Georgien stieg und wie's gefallen,
Wie's geblüht und dann in Not ergraut.

Ewig schlummernd liegt in meinem Schosse,
Unsre Tamar, unsrer Vorzeit Licht,
Die besungene, die hehre, grosse,
Die der schönsten Lieder Kranz umflicht.

Hier ruht auch, umringt von andrer Särgen,
David, der des „Grossen" Namen hat,[23])
Und die Mauern, die so heiliges bergen,
Diese Riesenkirche heisst Gelat!

2.

Zwei Traumbilder.

I.

Im Traum stieg ich den heiligen Berg empor,
Wo Gott, dem Herrn, Lob singt der Engel Chor.
Vor mir erstreckte sich zum Meeresstrand
Georgien, mein schönes Heimatland.
Jedoch ich sah auf eine Wüste hin,
Der alle Lebenskraft erstorben schien.
Zwar strahlte hell der schönen Sonne Licht,
Jedoch es wärmte meine Heimat nicht,
Die vielen Flüsse standen regungslos
Und öde war es in der Thäler Schoss.
Kein Blatt bewegte sich vom Hauch der Luft,
Die weite Flur glich einer Totengruft.
Zwar standen viele Schlösser rings umher,
Jedoch zerfallen und längst menschenleer.
So öde lag Georgien vor mir,
Jedoch auch tot noch reich an Reiz und Zier.

II.

Im Traum stieg ich den heiligen Berg empor,
Wo Gott, dem Herrn, Lob singt der Engel Chor.
Vor meinen Blicken lag in aller Pracht
Georgien zum Leben neu erwacht.
Mit Glanz das Sonnenlicht hernieder floss
Und zeugte Wärme in der Thäler Schoss.
Giessbäche stürzten von den Bergeshöh'n
Und glitzerten und strahlten wunderschön.
Unzählige Blumen prangten auf den Au'n,
Ihr heitres Bild war lieblich anzuschaun.
Grossartige Gebäude sah ich stehn
Und fleissige Menschen an die Arbeit gehn.
Des Himmels Licht beschien gar hell und klar
Mein Volk, das arbeitsam und glücklich war.

3.

An einen alten Freund.

Viel Jahre sind vergangen, längst bin ich nicht mehr
                 jung
Und habe aufgegeben die Jagd in Berg und Thal.
Nicht klimme ich wie einstmals bei jeder Witterung
Auf steile Höhn und Klippen um aus dem Ätersaal
Auf unsre schöne Heimat entzückt hinab zu schaun,
Die herrlich prangt im Schmucke wie eine junge Braut.
Nicht kann ich mich dem Rosse wie früher anvertraun.
Dahin ist die Gewandtheit, die man an mir geschaut.

Ja, alt bin ich und tauge zu keiner Arbeit mehr,
Nicht einmal zu Gelagen und heitrer Zecherlust.
Kommt jetzt ein schönes Mädchen vor mir die
Strasse her,
Ein Engel, der den Himmel trägt in der jungen Brust,
Blickt mich der Schalk nicht einmal aus blosser
Neugier an.
Ja, alt bin ich wie du auch, jedoch ein Trost uns blieb,
Denn wer noch glaubt an Freundschaft mit jugend-
lichem Wahn
Und wem noch in der Seele sich regt ein höhrer Trieb,
Der findet auch noch Freuden in dieser schönen Welt.
Jedoch ich bin hier einsam, kein Freund mir nahe
weilt.
Drum, wenn du jetzt nichts vor hast und es dir so
gefällt,
Komm her zu deinem Freunde ins stille Dorf geeilt!
Vor mir liegt Rustawelis unsterbliches Gedicht,
An dessen Rosenfrische sich Herz und Geist erquickt.
Auch Goethe, Shakespeare, Schiller, die ewiger Ruhm
umflicht,
Woll'n wir zusammen lesen, wie es uns einst geglückt.
Gemütlich woll'n wir plaudern nach unserm Herzens-
drang,
Gemeinschaftlich gedenken der fernen Jugendzeit
Und blättern dann im Buche, dass herrlich ist und
lang
Und das die Ahnen schildert und die Vergangenheit.
Mit Lust woll'n wir betrachten des Himmels heitres
Bild,
Des Tags die tiefe Bläue, des Nachts des Mondes Pracht,

8*

Und wenn im rauhen Winter die Berge und Gefild
Der Nebel dicht verschleiert und lang die dunkle Nacht,
Da flackert auf dem Herde ein Feuer hell und warm
Und bei dem vollen Becher verscheuchen wir den Harm.

4.

An Kachetien.

Es ist mir nicht vergönnt auf deine schönen Au'n
Noch einmal nieder von Gomboris Höhn zu schaun,
Zu wandeln froh durch deiner Gärten grüne Welt
Und müssig ruhn im Schatten, wie's dem Herz gefällt.

Es ist mir nicht vergönnt noch einmal mich zu freun
Am Anblick deiner Söhne, lustiger Gast zu sein
In ihrem Kreise, wenn ihr froher Sang erschallt
Und der Toaste Ruf weit in die Ferne hallt.

Es ist mir nicht vergönnt ein freudiges Wiedersehn
Mit deinen Töchtern, die wie du an Reizen schön,
Und dessen zu gedenken, was mich einst beglückt,
Was mich gefreut, was schmerzlich mir das Herz
                    bedrückt.

Soll wirklich ich so wandeln bis zum Grabesrand
Und dich nicht wiedersehen, mein Kachetierland?
Soll ich nicht wiedersehn, was teuer meinem Herz?
Wovon ich immer träume mit Sehnsucht allerwärts?

Ja, mein Kachetierland, mein Herz ist stets bei dir,
Ich denke dein getreu auch in der Ferne hier.
Ich sitze in Gedanken auf Gomboris Höh',
Von wo ich alle Reize deines Bildes seh',
Ich leer ein Glas von deinem roten Feuerwein
Und wünsche dir, du mögst stets blühen und gedeihn!

Rafael Eristawi.

1.

Die Heimat des Chewsuren.[24])

Dort, wo geboren sind mein Pfeil und Bogen,
Wo meine Väter lebten, wo ihr Grab,
Wo ich zum wackern Manne ward erzogen,
Dort ist mein Heim, das liebste, das ich hab.

Nichts ist mir teurer als der Heimat Thale,
Als jene Felsen, wo der Adler haust,
Wo wild der Giessbach tobt in seinem Falle,
Wo von der Firne die Lawine saust.

In eurer Ebene ich an Sehnsucht leide,
Mein Herz strebt rastlos zu den Bergen hin.
Hier ist für mich das Leben keine Freude
Und dort möcht ich selbst vor dem Tod nicht fliehn.

Kein Zauber lockt mich in der Städte Mitte,
Mag Pracht und Reichtum anderen gedeihn!
Ich gab dafür nicht meine Sennenhütte
Noch meiner harten Schwelle Ruhestein.

Die Mutter und der Heimat Flur und Haide
Kann nichts ersetzen, sei's der reichste Tand.
Noch teurer als das Auge sind uns beide.
Nur einen Gott giebt's und ein Vaterland.

2.

An einen Stern.

O Stern, an deinem Zauberglanz
Hängt träumend meine Seele ganz,
O Himmelslicht, du bringst mir nah'
Ein Erdenlicht, das ich einst sah,
Das so wie du am Himmelszelt
Geglänzt hat auf der Erdenwelt,
Und das mir nahm ein Missgeschick
Wie dich der Morgen nimmt dem Blick.

3.

Mein holder Schalk, wozu brauchst du 'nen Spiegel?
Du weisst ja längst schon, dass du reizend bist.
Das kalte Glas vermag dir nicht zu zeigen
Den ganzen Zauber, der dir eigen ist.

Jedoch willst du dein treues Bildnis sehen,
Blick einmal nur tief in mein Herz hinein!
Dort wirst du es in aller Schönheit schauen,
Denn eingeprägt liegt dort sein Widerschein.

4.

Der Hirt auf der Nachtwache.

Der Nachthirt bin ich, einsam und allein,
Gehüllt in meinen Mantel hüte ich
Die Büffel, die hier seit dem Morgenschein
Den Acker pflügten bis der Tag entwich.
Sobald die goldne Sonne untergeht,
Treib ich das Zugvieh her aufs Weideland
Und wenn der Wolf zu nahn sich untersteht,
Bekommt er einen Schuss aufs Fell gebrannt.
Wenn dann die Nacht kommt, lausch ich ohne Rast,
Jedoch kein Laut die Stille unterbricht.
Das müde Vieh nur in der Runde grast,
Sucht Futter sich im schwachen Dämmerlicht.
Mitunter höre ich den Uhu schrein
Und seinen Ruf hab ich schon oft verflucht,
Er schreit wie ein verirrtes Zickelein,
Das im Gebirge seine Herde sucht.
Das Vieh steht grasend bis am Weiderand.
Ich höre, wie das Gras es zupft und kaut.
Mich schläfert, doch ich halte mutig stand
Und seh den Morgenstern, der nieder schaut.
Jetzt bangt mir vor der dunkeln Nacht nicht mehr,
Von meinen Augen ist der Schlaf entflohn,
Dem Himmelsrande naht der grosse Bär,
Die Dämmerung zeigt ihren Schimmer schon.
Dann steigt die Morgenröte auf mit Pracht,
Von ihrem Glanze wird's mir hell im Herz,

Im Saatfeld ist die Lerche aufgewacht
Und schwingt sich singend himmelwärts.
Sobald die Sonne aufgeht, wird das Vieh
Zum neuen Tagwerk in den Pflug gespannt
Und mir pflügt man dann auch für meine Müh
Im Nu mein winziges Stückchen Ackerland.

Lukas Rasikaschwili.

(Waza Pschawela.)

Geboren in Tschargali, im Pschawer Hoch-
lande, als Sohn eines schlichten Landmannes.
Nach Beendigung des Lehrerseminars in Gori
war er einige Zeit lang Dorfschullehrer und
lebt jetzt in seinem Heimatsdorfe, wo er sein
kleines Erbgut bewirtschaftet.

1.

Es tagt und schon schwindet am himmlischen Zelt
Das Morgenrot, Pracht noch erweckend hinieden.
Ach, wär allem Schönen in unserer Welt
Ein ähnliches, herrliches Los doch beschieden!

Dass es so entschwände im heiteren Licht
Und morgen von neuem erwachte zum Leben,
Von neuem mit Glanz, der das Dunkel durchbricht,
Der Menschheit zum heitern Genuss wär gegeben!

O wenn doch der göttliche Funke, wo er
Im Herzen entglommen, auch nimmer verglühte
Und wenn er erlischt, wieder kraftvoll und hehr
Zum endlosen, herrlichen Dasein erblühte!

Wem niemals die Brust wärmte himmlische Glut,
Der ist ein entseeltes Gerippe zu nennen.
Auf eisigem Throne erstarrend er ruht
Und wird niemals Wärme noch Sonnenglanz kennen.

2.

An die Aragwa.

Mit trauerndem Herzen kam ich zu dir,
Aragwa, doch fand ich den Frohsinn hier.
Ich fühl mich jetzt anders, weiss selbst nicht wie,
So rüstig und kräftig und froh wie nie.
Wie schön bist du doch, wenn mit Kraft und Wut
Zur Felsenwand braust deiner Wogen Flut!
Da wend ich den Blick zu den Bergen hin,
Ein trauriges Liedchen in Herz und Sinn.
Ja, hin zum Gebirge, das dich gebar,
Zieht mich da mein Herz, andrer Sehnsucht bar,
Dort hin zu den Bergen, die dich genährt,
Die dir, wilder Fluss, alle Kraft beschert.
Gern möchte ich ruhn einst an ihrem Hang,
Im Felsenschloss schlafen den Schlaf, der lang.
Wie sind sie im Sommer doch herrlich grün!
Sogar auf den Felsblöcken Blumen blühn.

Da höre ich zu, wie der Bergwind weht.
Auf einsamem Gipfel der Steinbock steht.
Den Himmel oft dunkles Gewölk verhüllt
Und düsterer Nebel das Thal anfüllt.
Da rasselt am Himmel des Blitzes Strahl
Und unheimlich rauschet der Wald im Thal.
Die Geier und Adler auf steiler Höh
Mit schlaffem Gefleder ich sitzen seh.
Sie schauen zum Himmel empor mit Ruh
Und hörem dem Liede der Wolken zu.
Wer ist's, dessen Ohr diesen Schall verträgt,
Wer fühlt's, wie das Herz dieser Berge schlägt!
Gar oft stürzt hernieder ein Wasserfall,
Durchfurchend den felsigen Bergeswall,
Er reisst seine Flanken mit Wüten auf
Und wendet zu dir seinen Sturmeslauf.
Nichts hält ihn zurück, keine Macht ihn bannt
Und stände vor ihm eine Eisenwand.

Jedoch auch des Unwetters Zeit entflieht,
Klar über die Berge die Sonne zieht.
Die Wolken, verjagt von den lichten Höhn,
Im Thale zerrissen wie Zelte stehn.
Den Berg zu umdröhnen sie heut nicht wagen,
Doch morgen sie wieder zum Kampfe jagen.

3.

Verschleiert ist der schöne Sommertag,
Die Berge schlummern still im Dämmerscheine
Und ungestört in ihren Gräbern ruhn
Der alten Helden ehrwürdige Gebeine.
Es braust der Wind und heult ein Grabeslied,
Aus dem Gewölk strömt ruhelos der Regen,
Doch spült er rein der Berge Felsenbrust
Und bringt den Thälern neuen Sommersegen.

*　*　*

Zerstreut ist das Gewölk jetzt, all sein Gut
Hat es der Erde ohne Geiz gespendet.
Mit kräftiger Muttermilch ward sie erquickt
Und alles hat zum bessern sich gewendet.
Sei mir gegrüsst, du schöne Heimatswelt!
Bei deinem Anblick fühl das Herz ich schlagen,
Mir ist, als würde ich vom Wonnerausch
In eine Götterwelt empor getragen.

4.

Es ist wieder Frühling im Oberland
Und lenzfrisch die Veilchen hier prangen.
Schön schimmert das hellgrüne Festgewand,
Das Berge und Thäler umfangen.
Schon schmilzt auf den Höhen der Winterschnee,
Von Saft ist die Erde durchdrungen,
Am Grase erquicken sich Hirsch und Reh,
Am Laub, frisch den Knospen entsprungen.

Die Vögel, die immer so froh und frei,
Sind jetzt noch viel muntrer geworden.
Der Bergstrom wälzt schwarz seine Flut vorbei
An lenzigen, blumigen Borden.
Er ruft alle Thäler zum Leben wach,
Aus Felsspalten Giessbäche fliessen.
Die Frostmacht der Gletscher der Lenz schon brach
Und Thränen ins Thal sie vergiessen.

5.

Zu dir nur wend ich mich, o Maid,
Schau her und lächle mich doch an!
Thu du mir wenigstens kein Leid
Und wenn ich sterb, bewein mich dann!

Dort auf dem hohen Bergesrand
Bett mich ins kühle Grab hinein,
Bedeck mich mit der Heimat Sand,
Doch reichlich mag die Decke sein!

Mich, den vergessen hat die Welt,
Vergissest du in kurzer Zeit.
Du findest den, der dir gefällt,
Verscheuchst mit ihm dein Herzeleid.

Drum sage wenigstens mein Flehn
Mit Thränen diesen Felsen hier!
Sag ihnen stark und fest zu stehn
In Sturm und Wetter für und für.

Mag stets der kühnen Adler Schar
Hier auferziehn die neue Brut,
Und um mein Grab ein hehrer Aar
Treu kreisen wie's ein Wächter thut.

Wenn immer neu und frisch erblüht
Auf Berg und Fels der Blumen Pracht,
Und über sie Gewölk hinzieht,
Leb ich auch in der Grabesnacht.

6.

Denkt nicht, ich sei schon tot und kalt,
Dass alles Fühlen in mir ruht!
In meinem Herz das Blut noch wallt,
Des Sennensohnes heisses Blut.

Die Hoffnung ich noch nicht verlier,
Weiss nicht, warum ich trauern soll,
Wenn du nur, die die schönste hier,
Mich gerne anschaust, ohne Groll.

So lang ich Armer atmen kann,
So lang der Sonne Licht ich seh,
Bleib ich dir treu und zugethan,
Schützt dich mein Arm vor Leid und Weh.

Und wenn ich dir je untreu werd,'
Mag man versagen mir ein Grab
In unsrer heimatlichen Erd',
Im Hochland, das so lieb ich hab.

Auch leg man in den Totenschrein
Mir an das Haupt kein Ehrenschwert,
Und keine Braut und Jungfrau wein
Mir Thränen, deren ich nicht wert!

Und wenn ich in das Jenseits zieh,
Mag stürzen in die Flut mein Ross!
Mir, dem die Erde Fluch nur lieh,
Verschliess der Himmel seinen Schoss!

7.

Auch dieser Lenz ist eingekehrt,
Geschwunden ist das Schneegewand,
Frei liegen alle Pfade da
Und offen ist das Oberland.

Der Bergstrom schäumt und braust vorbei,
Durch Berg und Thal sein Dröhnen schallt,
Bis es in weiter Ferne schwach
Und traurig wie ein Grablied hallt.

Das Veilchen blüht und alles prangt,
Der Himmel blaut, grün ist das Thal,
Jedoch mein leidenreiches Herz
Ist krank und trüb wie dazumal.

8.

Aus der Dichtung „Aluda Ketelauri"
Aludas Abschied von der Heimat.

Lebt wohl, ihr Berge, wo der Steinbock wohnt,
Wo Schönheit, die mein Aug' ergötzte, thront!
Leb wohl, mein Heim, mein stilles, liebes Haus!
Mit Qual und Leid zieh ich von dir hinaus.
Lebt wohl, ihr Stätten, Gottes Ehr geweiht,
Die ihr dem Betenden stets Kraft verleiht!

9.

Im Lenze blüht das Veilchen auf,
Im Herbste Laub und Blumen schwinden,
Jedoch mein unglückliches Herz
Kann nimmermehr die Ruhe finden.

Oft hörte ich am Waldesrand
Die Eule schrein gar schmerzlich bange.
O schmerzt wohl eines andern Herz
Wie meins so lindrungslos und lange!

Man sagt, dass alles enden muss,
Dass auch die Giessbäche versiegen,
Jedoch das Leid, das schwer mich quält,
Bleibt immer mir im Herzen liegen.

10.

Ich suchte Glück und fand nur Leid und Leben.
Des Daseins Bürde ist mir schwer und hart.
Ermüdet frage ich mich oft mit Beben,
Warum ich Armer denn geboren ward?

Warum sang mir mit zartem Kosen
Die Mutter einst das Wiegenlied so süss?
Auf meinem Pfad hör ich den Sturm nur tosen
Und weiss, dass alles Glück mich längst verliess.

O düstre Tage! O ihr bittern Plagen,
Nehmt hin mein Dasein! Ihm gilt nicht mein Drang.
O Herz, warum hörst du nicht auf zu schlagen?
O Leben, warum währst du denn so lang?

Nikolaus Rasikaschwili.

(Batschana.)

Bruder des vorigen, ist gegenwärtig Dorf-
schullehrer im chewsurischen Hochlande.

1.

Abenddämmerung im Gebirge.

Hoch in den Bergen
Steh ich nun hier,
Umweht von Frische
Und wohl wird mir.
Der Thäler Hitze
Schwächt meine Brust,
Hier hol ich Atem
Mit wahrer Lust.
Ein Hauch erhabner
Unsterblichkeit
Vom Erdenmoder
Mein Herz befreit.

Mein Aug' ist heller
In diesem Licht,
Des Körpers Schwäche
Empfind ich nicht.
Weh frisch, o Bergwind,
Rausch frisch, o Quell,
Die Wolken schwinden,
Im Herz wird's hell!
Schaut, welche Bilder,
Schaut hin, wie schön
Die Sonne schwindet
Am Kamm der Höhn!
Die Raben ziehen
Vom blutigen Mahl
In ihre Nester
Im Felsenthal.
Schon aus den Thälern
Die Dämmrung steigt,
Der Kreis der Berge
Still wachend schweigt.
Die einen liegen
Im Schattenflor,
Die andern streben
Zum Licht empor.
Der Wald, die Thäler,
Der Gletscher Eis,
Das Grün, die Blumen,
Der Felsen Kreis,
Die vielen Schluchten,
Berg und Gefild,
Das alles bietet

Ein einzig Bild.
Ach, wie bezaubernd
Ist diese Stund',
Wenn's herrlich nachtet
Im Thalesgrund.
Wenn laut das Blöken
Der Herden schallt,
Die Hirten rufen
Von Hald' zu Hald'.
Wenn Sterne Funken
Vom Himmel streun
Und dann erlöschen
Im Morgenschein!

*   *   *

Ich gehe weiter,
Mein Weg ist lang
Und nach dem Morgen
Sehn ich mich bang.

2.

Stets in Erwartung und in Bangigkeit
Die Tage und die Nächte mir vergehn.
Blick ich zur Seite, seh ich nah und weit
Die grünen, quellenreichen Berge stehn.
Blick ich hinauf zum blauen Himmelszelt,
Seh ich der Sterne unzählbare Schar.
O unaufhaltsam dreht sich unsre Welt.
Das Leben kommt und flieht wie immerdar.

Nur ewig unveränderlich bleibt Er,
Der alles Leben schafft und auch den Tod.
O weh, wie ist des Lebens Kürze schwer,
Das Dasein gleicht dem flüchtigen Morgenrot.
Ein Schneeglöckchen sah neulich ich im Hain
Und neben ihm ein Veilchen, frisch erblüht,
Zum Feste schienen sie geschmückt zu sein
Und wie von Freude hat ihr Kelch geglüht.
Und wieder in den Hain ich gestern ging
Und sah das Veilchen seines Schmuckes bar.
Sein zartes Köpfchen traurig nieder hing,
Da schon sein Welketag gekommen war.
Nur einen Augenblick das Dasein währt
Und seine Kürze alle Freuden stört.

3.

An die Eiche.

Dich hab ich gern, o mächtige Eiche,
Die du hier stehst in Einsamkeit,
Zu dir eil ich in mancher Stunde
Des Kummers und der Bangigkeit.

Ich lieb dein Bild, ein Bild des Alters,
Lieb Deines Rauschens düstern Ton,
Dein moosbewachsenes Gezweige
Und deine grüne Blätterkron'.

O mächtiger Greis, dich schrecket nimmer
Das Wettergrollen der Natur,
Mag noch so sehr der Sturmwind brausen,
Der Donner hall'n durch Feld und Flur.

Mag noch so sehr der Fels erzittern,
Im Walde schwanken jeder Baum,
Das Schilfrohr sich zur Erde beugen,
Du stehest still und regst dich kaum.

Du stehest stolz und mit Verachtung
Begegnest du der Wetter Wut,
Dem Strahl der Blitze und dem Donner,
Der Wolkenbrüche grausiger Flut.

4.

Lied einer von den Lesgiern gefangenen Georgierin.

Wer begreift wohl, wer ergründet
Den verlornen tiefen Schmerz?
Nie der Mann die Glut empfindet,
Die durchflammt des Weibes Herz.

Ach, wer hinterbringt den Meinen,
Wie mein Schicksal trüb und schwer,
Tag und Nächte muss ich weinen,
Seh die Sonne gar nicht mehr.

Ach, wohin bin ich verschlagen
Und von welcher schönen Flur!
Vögel, mildert mein Verzagen,
Bringt mir Armen Kunde nur!

Sagt mir, sprudeln noch die Quellen
Hell und frisch im Heimatsland,
Steht die Sonne noch am hellen
Himmel glänzend wie sie stand?

Ach, das Leben möcht ich geben
Für die liebe Heimat mein.
Vögel, die ich euch seh schweben,
Ach, um eins bitt ich allein!

Sagt der Mutter, nicht zu trauern,
Nicht zu tragen schweres Leid!
Leb ja noch in diesen Mauern,
Eitel ist ihr Trauerkleid.

Bald erscheint der Tag uns allen,
Da der Himmel rot erglüht.
Tau wird auf die Erde fallen,
Wie vom Meere ausgesprüht.

Alle Ströme werden brausen
Mit Geheul durch Dagestan,
Und vom Himmel nieder sausen
Ein verheerender Orkan.

5.

Klage eines Pschawer Mädchens.[26])

O Augen, die ihr Zeugen dieses Unglücks seid,
Mag nun die Erde eure Hülle sein für immer!
O Sonne und ihr Sterne, sinkt in Dunkelheit,
Damit ich nicht mehr sehe euren Glanz und Schimmer!
O Heilige, die ihr stets schützt das Pschawerland,
Nehmt meine heilige Bitte gütig doch entgegen!
O grollt mir Armen nicht, die Blicke abgewandt,
Die Blicke, die uns immer brachten Glück und Segen!
Für eure Namen möchte ich mein Leben weihn,
Ich Maid, die arm ich bin wie alle Pschawerinnen.
O weh! zu Grunde geht die teure Heimat mein
Und unsrer Männer Blut seh ich in Strömen rinnen.
Die Lesgier treiben unsre reichen Herden weg.
Was wartet ihr denn noch und greift nicht zu den
Waffen?
Was schaut ihr auf uns Weiber wie gelähmt vom
Schreck?
Sagt, würdet ihr euch dann auch noch nicht schämen,
Wenn wir statt euer mit den Waffen kämen!

Theodor Rasikaschwili.

Der Ochs.

Der Ochs Nikora klagt mit heissen Thränen:
Wie grausam mich mein Herr doch leiden lässt!
Er legt ein schweres Joch auf meinen Nacken
Und drückt es noch mit beiden Händen fest.
Im Schweisse müh ich mich tagtäglich ab
Und dafür ich nur Leid und Schmerzen hab.

Durch stete Pein verkürzt er mir das Leben,
Nicht eines Riemens dünke ich ihm wert.
Er bindet mir das Joch mit einer Gerte,
Die mich dann würgt und's Atmen mir erschwert.
Müd und verschmachtend, ohne Ruh und Rast,
Leck ich die Erde unter meiner Last.

Den Blick geheftet auf die schwarze Erde,
Seh ich schwarz werden meiner Tage Licht.
Erbarmungslos peitscht mich ein jeder Treiber,
Obgleich ich ziehe bis die Kraft gebricht.
Ich keuche vorwärts, ganz bedeckt mit Blut
Und dennoch treibt und schlägt man mich mit Wut.

Und wenn ich einmal nur die Kniee beuge,
Verdunkelt sich vor meinem Blick die Welt,
Als wär ich nur zum Ungemach geboren.
Und wenn's geschieht, dass Krankheit mich befällt,
Lässt mir mein Herr zum Sterben keine Zeit
Und macht sofort das Schlachtmesser bereit.

O Mutter Flur, erbarme dich doch meiner!
Nimm, wenn ich sterbe, mich in deinen Schoss,
Lass Ruh mich finden in der feuchten Erde
Und lindr' im Tode wenigstens mein Los!
Lass es nicht zu, dass auf dem Felde hier
Mein Leichnam stillen soll der Raben Gier!

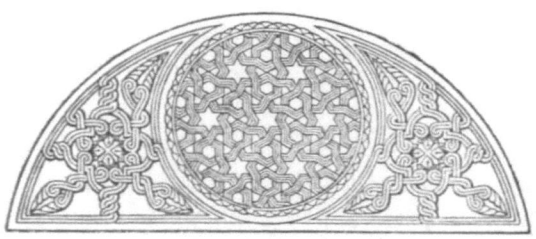

J. Ewdoschwili.

⚜

1.

An die Musik.

Nein, rufe nicht die Seele in das Land der Träume,
Wo keine Sehnsucht plagt, noch Sorge oder Leid!
Was nützt ein kurzer Traum, ein kurzes Sichvergessen,
Wenn dann der Schmerz erwacht mit neuer Heftigkeit?

Was frommt's, dass ich an deinen Klängen mich
berausche!
Wenn du verstummst, wird mir von neuem schwer
und bang.
Nein! rufe nicht die Seele in das Land der Träume,
Ich weine — drum kling traurig wie ein Grabgesang!

2.

O grüne Flur, ich schau dich an mit Wonne,
Wenn dir der Regen kühle Labung bringt,
Wenn frischer Tau sich legt auf Gras und Blumen
Und jeder Tropfen in der Sonne blinkt.

Mein Herz, das krank und welk, verlangt mit Sehnen
Wie du nach Lebenstau, wenn es verzagt.
Doch wo ist er? Nicht spendet ihn der Himmel
Und mitleidlos die Erde ihn versagt.

Georg Eristawi.

An Sophie.

Ich sah dich, wie du gestern Abend
Dich an der Pracht des Frühlings labend
Zum schönen Himmel aufgeschaut,
Doch weisst du auch, dass alle Sterne,
Die dich erblickten aus der Ferne,
Erblasst nun sind und schier ergraut?

Ja, heute klagten sie's der Sonne,
Es sei ein Stern voll Reiz und Wonne
Neu aufgetaucht im Erdenreich
Und wenn er weiter sollte blinken,
So müssten sie in Nacht versinken,
Da ihm an Zauber keiner gleich.

Hierauf die Sonne sprach mit Trauer:
Die ganze Welt ist heute grauer,
Auch ich bin ohne allen Glanz.
Der Stern, der euch bei Nacht verdunkelt,
Bei Tage fast noch heller funkelt
Und so steh' ich im Schatten ganz.

Mamia Gurieli.

Ach, seh ich zu, wie wild des Giessbachs Wogen,
Den Felsenschoss des Kaukasus zerwühlen,
Wird zwar mein Auge wonnig angezogen,
Jedoch das Herz berührt von Wehgefühlen.

Mir träumt's, ich seh wie eine alte Wunde
Sich plötzlich aufthut zwischen Felsenspalten
Und wie hervor quillt aus dem tiefen Grunde
Ein riesiger Blutstrom, der nicht aufzuhalten.

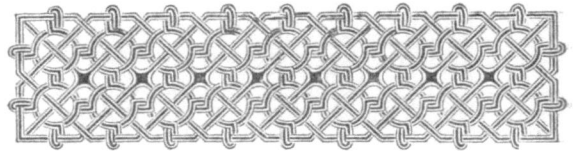

D. Matschchaneli.

~*~

Bei Tag und Nacht such ich das Glück
Und zieh ihm nach von Land zu Land,
Jedoch umsonst, denn seine Spur
Bis heute ich noch nirgends fand.
Dabei erfuhr ich vieles Leid,
Das unerzählbar ist und schwer,
Doch such ich's weiter ohne Rast,
Selbst, wenn der Weg führt übers Meer.

Gregor Wolski.

Wenn ich verstumme einst für immer,
Wenn mit des Blickes letztem Schimmer
Des Lebens schwacher Faden reisst,
Wenn mit des Herzens letztem Schlage
Der letzte Wunsch, den ich noch trage,
Sich meiner müden Brust entreisst,
Wenn deiner Schönheit Zauberschimmer
Sich meinem Blick entzieht für immer,
Wenn zu des Himmels schönem Bild,
Das dir gleich prangt in heiterm Lichte,
Ich nimmermehr das Auge richte,
Wenn ewiges Dunkel mich umhüllt,
Wenn alles, alles für mich endet,
Wenn mir der Tod den Pfeil zusendet
Und meine Zeit erreicht ihr Ziel —
O Teuerste, an jenem Tage,
Bewein mich nicht mit bittrer Klage,
Vergiesse nicht der Thränen viel,
Lös nicht die rabenschwarzen Haare
Zum Trauerdienst an meiner Bahre,

Verunglimpfe dein Antlitz nicht,
Verdüstre nicht durch eitle Trauer,
Durch bangen Schmerzes schweren Schauer
Dein Bild, das hell wie Sonnenlicht!
Nein, schweig, damit im ewigen Schlummer
Du mich nicht störst durch eiteln Kummer,
Klag nicht mit Seufzern schwer und bang,
Weil dieses Herz, das treu geschlagen
Und Liebe nur für dich getragen,
Für ewige Zeit das Grab verschlang!
Mag ganz in Staub mein Leib aufgehn,
Wenn dir nur, Königin der Lieder
Und hehren Träume, immer wieder
Des Lebens Lenze neu erstehn!
Wenn dir nur stets aus voller Schale
In unversiegbar kräftigem Strahle
Zuströmt des Lebens Freudenwein!
Mag dir der Himmel heiter flimmern
Und dich der Sonne Glanz umschimmern,
Du vielgeliebte Teure mein!

Dutu Megreli (Choschtaria).

Träume.

Wenn ich erschlafft im Kampfe mit dem Leben
Einsam, bekümmert meine Wege geh
Und von den besten Freunden schnöd verlassen
Mich fremd im eignen Heimatlande seh,

Wenn mir die Bangigkeit die Seele martert,
Wie böses Gift Gehirn und Herz zernagt,
Wenn im Erlöschen schon der Hoffnung Strahlen
Und mich die düsterste Verzweiflung plagt,

Da sind mein einziger Trost die stillen Träume,
Wie Freunde finden sie sich helfend ein,
Sie bringen Linderung für meine Leiden,
Für alle quälerische Herzenspein.

O warum kann ich nicht zur Thräne werden
Und mich ergiessen über alles Land
Und einer Woge gleich von dannen spülen
Das Übel, das sich mit der Welt verband!

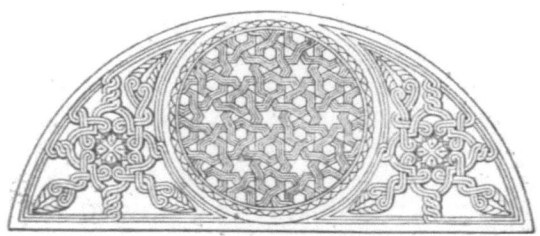

W. Mikeladse.

O der ist glücklich, dem das Schicksal lächelt,
Der deine zauberkräftige Gunst erringt,
Dem du Genuss sowohl als Qual bereitest,
Dem deine Stimme süss entgegen klingt.

O der ist glücklich — ich sein Los beneide —
Der küssend deinen Rosenmund berührt
Und dessen Leben so für eine Weile
Dem Leben seliger Götter ähnlich wird.

O der ist glücklich, dessen Wonnethräne
Die Rosenknospen deiner Brust benetzt,
Der Brust, die schon in ihrer Miederhülle
Die Augen aller, die dich sehn, ergötzt.

O der ist glücklich, der berauscht, der trunken
Von Leidenschaft, schon an der Ohnmacht Rand,
In deiner himmelseligen Umarmung
Für einen Augenblick nur Ruhe fand!

Dominika Mdiwani.

1.

Dem, den ich liebe, wünsche ich
Das längste Leben inniglich.
Er ist mein höchstes Ideal,
Mein Schild und bester Schutz zumal.

Dem, den ich hasse, wünsche ich
Das schnellste Sterben inniglich.
Damit er schwinde aus der Welt
Und mir das Leben nicht vergällt.

Dem, den ich liebe, schlägt mein Herz,
Er bringt mir Wonne allerwärts.
Sein Leid wird stets auch meines sein
Und was ihn freut, auch mich erfreun.

Den, den ich hasse, anzuschaun
Erfüllt mich wie der Tod mit Graun.
Was ihn erfreut, mir Thränen bringt,
Sein Leid mit Lust mein Herz durchdringt,

Aus des Geliebten teurer Hand
Ist mir ein Strohhalm reicher Tand.
Im Herzen er den Lenz mir weckt,
Mit ihm kein Leiden mich erschreckt.

Und wen ich hasse, dessen Kuss
Ist kalt für mich und bringt Verdruss.
Aus seiner Hand die schönste Ros'
Gilt mir nicht mehr als dürres Moos.

Oft zwingt der Feind zum Weinen mich,
Gern wein um den Geliebten ich.
Des Hasses Thränen giftig sind
Und die der Liebe süss und lind.

2.

Beruhige dich mein Herz und stöhne nicht,
Erfüll mir nicht mit bitterm Gram die Brust!
Verbittre mir das kurze Leben nicht,
Mir frommt die Freude nur und Sangeslust.

Lass schimmern mir der Hoffnung hellen Strahl
Und führ mich nicht auf der Verzweiflung Pfad!
Lass mich nicht schaun bedrückt von schwerer Qual
Den teuern Liebsten, wenn der Tod ihm naht!

Beruhige dich, mein Herz, des Liebsten Sinn
Wird bald beleben neue Heiterkeit,
Und wieder zieht er an die Brust mich hin
Zur Freude nach so langer Trauerzeit.

Und glänzen wird der Mond so hell und klar
Wie er noch niemals über uns gestrahlt.
Und grüssen wird uns froh der Sterne Schar
Und schwinden wird des Missgeschicks Gewalt.

Beruhige dich mein Herz und stöhne nicht,
Erfüll mir nicht mit bitterm Gram die Brust!
Dem Liebsten fern frommt mir das Leben nicht.
Ich will ihn wiedersehn mit Wonnelust.

3.

Was soll ich singen? Auf der Erde finde
Ich keinen Stoff zu meinen Liedern mehr.
Nur Klagelieder stöhnen wäre Sünde,
Denn meine Laute kommt vom Himmel her.
Was ich geliebt, das hab ich längst verloren
Und leugne das, was ich einst fest geglaubt.
Ich, die ich doch zur Heldin ward geboren,
Neig nun vor Götzen demütig mein Haupt.
Wie kann die reine Laute ich berühren
Mit treueloser, unwürdiger Hand!

Ich wag es nicht. Drum mögen andre spielen
Und ich will lauschen ihnen zugewandt.
Doch sollte meine Laute selbst erklingen
So rein und hell wie in vergangner Zeit,
Dann will ich laut zu ihren Klängen singen
Ein Lied von Lebenslust und Heiterkeit.

Nino Orbeliani.

Denk ich daran, wie kurz das Leben ist,
Seh ich die eigene Vergangenheit
Als eines Augenblickes knappe Frist,
Als einen Windhauch auf der Flur der Zeit.

Ach, wär's dem Herzen wenigstens vergönnt
Zu stillen seinen heissen Sehnsuchtsdrang,
Damit es nicht, vom einzigen Glück getrennt,
Am Leben zweifelnd nach dem Tod verlang'.

Die Flucht der Zeit nahm alle Freuden mir,
Was ich geliebt, mir wie im Traum entrann,
Was mein einst war, gehört längst nicht mehr mir,
Zum alten Gram ich neuen nur gewann.

Vergessen hat mich leicht die schnöde Welt,
Der Freund verstossen, hart und treuelos.
Der Bruder selbst es nicht mit mir hält.
O Erde, nimm mich auf in deinem Schoss!

Simon Maissaschwili.

Geboren in Imeretien als Sohn eines armen
Landmannes. Lebt als Koch in Tiflis, wo er
Inhaber einer kleinen Gastwirtschaft ist.

1.

Mein Handwerk.

Ich bin ein armer Handwerksmann,
Führ stets den Löffel in der Hand,
Jedoch ich klag und grolle nicht,
Weil sich das Glück mir abgewandt.

Der Dampf und auch des Feuers Glut
Presst Thränen aus den Augen mir,
Doch leb ich redlich und dem Herrn
Gefällt solch Opfer für und für.

Die rechte Hand die Feder hält,
Die linke schäumt die Suppe ab
Und so schreib ich, was ich gesehn
Und in der Welt empfunden hab.

Der Schweiss mir von der Stirne trieft,
Brennt mir die Augen wund und rot,
Doch dieses Leben voller Qual
Ist immer besser als der Tod.

Oft stoss ich tiefe Seufzer aus,
Wenn mir das Leben allzu schwer,
Jedoch ich klag und grolle nicht
Und leide redlich und in Ehr'.

2.

O Herr, mein Gott die Gaben,
Die du mir hast verliehn,
Gab alle ich den Brüdern,
Nehm sie ins Grab nicht hin.

Doch stärke noch mein Wissen,
Das nur geringer Art,
Erwecke mich vom Schlummer,
In dem mein Geist verharrt.

Lehr mich die Wahrheit fühlen,
Damit ich redlich bleib,
Lass mich im Liede leben,
Wenn schon im Grab mein Leib!

Gewähr, dass meine Dichtung
Mein würdiges Erbe sei,
Dass ich bei Freund und Bruder
Sei von Verachtung frei.

Dawid Guramischwili.

(Lebte im 18. Jahrhundert.)

Der Frühling.

Verloren hat der Winter alle Macht,
Auf grünem Throne sitzt der Lenz mit Pracht,
    Versammelt hat sich um ihn her
    Der Lebenskräfte grosses Heer
    Und bringt ihm seine Grüsse dar.

Zum schwachen Greise ward der Winter jetzt,
Sein Kleid ist abgetragen und zerfetzt.
    Der junge Lenz ist eingekehrt
    Und hat von Blumen sich beschert
    Ein herrlich farbiges Gewand.

Was nackt und kahl im Winter war,
Hat er geschmückt gar wunderbar.
    Auf sein Geheiss sich alles regt
    Und hat die Fesseln abgelegt,
    Die es durch viele Wochen trug.

Auf Feld und Flur das Leben sprosst,
Nichts zittert mehr im rauhen Frost,
    Ein milder Wind das Thal durchzieht
    Laut klingt der Vögel neues Lied
    In jeder Tonart durch den Wald.

Die Amsel singt und auch die Nachtigall,
Ins Weite tönt des Kuckucksrufes Hall,
    Froh pfeift dazu sein Lied der Star,
    Auch schlägt im Feld der Wachteln Schar
    Und wer es hört, nicht schlummern mag.

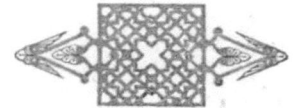

Volkslieder.

Vorwort.

—

Das Lied ist seit undenklichen Zeiten Gemeingut des georgischen Volkes und ohne Zweifel war
seine älteste Form wie bei allen andern Völkern eine
hieratische. Die Erzeugnisse einer solchen Kunst
sind allerdings längst verloren gegangen, aber vielerlei
Gebräuche, Überlieferungen und Sprüche tragen trotz
ihres christlichen Gewandes noch deutlich das Gepräge ihres heidnischen Ursprunges und erinnern an
die vor der Einführung des Christentums in Georgien
herrschende Lichtreligion und deren natur-symbolische
Gestalten. Noch heute ist die Jahreswende im Volks-
glauben das Siegesfest des Lichtes über die Dunkelheit, welcher Anschauung viele Weihnachts- und
Neujahrsgebräuche gelten.

Die georgischen Heldengesänge zerfallen in zwei
Sagenkreise, deren einer den Riesen Amiran zum
Haupthelden hat, während der andere sich um Rostom,
den Rustem Firdusis dreht.

Amiran ist ohne Zweifel der Ahriman der alten
Iraner, nämlich der verkörperte Begriff des Bösen,
hat aber in der in drei verschiedenen Versionen be-
stehenden georgischen Volkssage seinen ursprüng-

lichen Charakter verloren und ist stark von christlichen Elementen und Vorstellungen nicht iranischen Ursprungs durchsetzt.

Nach einer Version lehnt sich Amiran gegen Gott auf, wofür er für ewige Zeit an einen Pfahl geschmiedet wird. Nach einer andern Fassung kämpft er für die Gerechtigkeit und verteidigt die Menschen gegen alle bösen Mächte, wofür ihn gleichfalls das Verhängnis des Prometheus ereilt. Er wird an einen Felsen angeschmiedet und Geier zerfleischen sein hochmütiges Herz.

Sowohl die Sage von Amiran wie auch die von ihrem persischen Urbilde sehr abweichende Rostomsage bestehen nur teilweise in gebundener Rede, während der grössere Teil in Prosa erzählt wird.

Fast ganz in gebundener Rede gehalten ist das reizende Lied von der schönen Eteri „Eteriani“ und einige Heldengesänge der Tuschiner, die deren einstige Kämpfe mit den Nachbarvölkern zum Vorwurf haben.

Ziemlich zahlreich sind die historischen Volkslieder, von denen die meisten der Verherrlichung der Königin Tamar und der des Königs Heraklius II. gelten.

Der eigentliche Reichtum der georgischen Volkspoesie liegt in der Lyrik und dieser Reichtum gewinnt noch an Bedeutung durch den Umstand, dass der Liederschatz jeder Provinz ein mehr oder weniger eigenartiges Gepräge hat.

Ein grosser Teil diesser Schätze ist noch nicht gehoben, nur einige nach Gauen geordnete Sammlungen sind bisher im Druck erschienen, während

jedoch einzelne Lieder sehr häufig in den Wochen-
und Monatsschriften „Kwali" (Furche), „Dschedschili"
(Flur), „Moambe" (Bote), „Krebuli" (Sammlung) und
besonders in der Tageszeitung „Iweria" zur Ver-
öffentlichung gelangen, so dass in nicht ferner Zeit
eine geordnete Herausgabe des gesamten Volkslieder-
schatzes möglich sein wird.

Was den Stoff anbetrifft, zeichnet sich die
georgische Volkslyrik durch grosse Mannigfaltig-
keit aus.

Die erste Stelle nehmen wie überall die Liebeslieder ein. Ihre Sprache ist blumenreich wie über-
haupt die georgische Volkssprache, aber auch reich
an Wort- und Bilderspielerei und keineswegs frei von
südlich morgenländischer Übertreibung, die bei der
Vorliebe der Georgier für Vergleiche schwerlich zu
vermeiden ist. Die meisten Liebeslieder atmen die
keusche Sinnlichkeit und bringen Schmerz und Freude
mit Leidenschaftlichkeit zum Ausdruck, werden aber
alle, auch die heitern, nach schwermütigen Melodien
gesungen. Im Liede selbst fehlen die Äusserungen
von Schwermut und Melancholie fast gänzlich und
die Mehrzahl der Liebeslieder ist heiterer, oft auch
humoristischer Art.

Mit den Liebesliedern eng verbunden sind die
Naturschilderungen, die jedoch immer nur allgemeine
Züge haben und keine Beschreibung der Einzelheiten
enthalten. Wie die italienischen Lyriker im Quatro-
cento kennt das georgische Volkslied unter den
Jahreszeiten fast nur den Frühling, unter den Blume⸱⸱

die Rosen und Veilchen und unter den Vögeln die Nachtigall.

Wenn nun auch die Schilderungen der Natur in den Volksliedern arm und farblos sind, übt die Natur doch einen grossen Einfluss auf die Stimmung aus. Dank dem milden Klima hat in den meisten Gegenden Georgiens das Leben ein südliches Gepräge. Einen grossen Teil des Jahres verrichtet das Volk sein Tagewerk im Freien oder wenigstens in halb geschlossenen Räumen. Die monatelange Abgeschlossenheit von der Natur und ihren Annehmlichkeiten ist hier unbekannt. Frische Luft und heiteres Sonnenlicht sowie den Anblick des blauen Himmels geniesst hier jeder täglich und ohne Beschränkung und dieses sein körperliches Behagen fördernde Naturleben erheitert auch seine Gemütsstimmung und steigert seine Empfänglichkeit für alle äussern Eindrücke.

Daher findet auch der Georgier selbst an der beschwerlichsten Feldarbeit immer noch einen poetischen Reiz und begleitet dieselbe gewöhnlich mit Gesang und zwar solcher Lieder, die der betreffenden Arbeit gelten. Beim Pflügen, Säen, Jäten, Mähen und Dreschen und auch auf der Weide singt der georgische Bauer sein Liedchen und er summt es nicht etwa leise vor sich hin, sondern lässt seine Stimme so laut erschallen, dass sie weit in die Ferne hallt. Zu den schönsten dieser Lieder gehören die „urmuli" (von „uremi", zweirädriger Löffelkarren), die von den Büffel- oder Ochsentreibern während ihrer langsamen und langwierigen Fahrten gesungen werden.

Die Gesangsweisen der Arbeits- und Wanderlieder sind einförmig und fast immer wehmütig und keineswegs reizlos.

Wie bei Feld- und Hausarbeiten werden auch bei verschiedenen feierlichen Gelegenheiten entsprechende Lieder gesungen, besonders bei Hochzeiten und Trinkgelagen, die in Georgien, das guten Wein in Hülle und Fülle hervorbringt, sehr häufig stattfinden. Beim Beginn eines Gastmahls wird ein Vortrinker gewählt, dem es obliegt der Reihe nach auf das Wohl eines jeden Gastes einen Toast auszubringen. Die Trinksprüche oder eigentlich Trinkreden, denn der Georgier ist redselig und beredsam, sind oft humoristisch und witzig und finden ihren Abschluss in einem kurzen Liede, das die ganze Tischgesellschaft im Chor absingt.

Nach Beendigung des Mahles wird das Trinkgelage oft beim Spiel des Tschonguri und bei Gesang der verschiedenartigsten Lieder fortgesetzt.

Diese und manche andern Gebräuche erinnern an das Leben der alten Griechen, wie es uns Homer in der Odyssee schildert. Auch bei ihnen waren „Lautenspiel und Gesang die Zierden des Mahles". Becher und Krüge von „lauterem Silber" sind auch allenthalben auf georgischen Gasttischen zu sehen und in der Bewirtung des Odysseus durch den Sauhirten Eumäos oder in den Gelagen der Freier finden sich zahlreiche Gebräuche und Verrichtungen, die noch heute in Georgien gang und gäbe sind.

1.

Es war weit in der Fern'
Nicht mein Freund noch Gemahl,
Wie im Dunkel ein Stern
War's mein Liebster zumal.

In der Ferne so weit
Wie ein lieblicher Schein
Paradiesischer Zeit
War der Teuerste mein.

Er war schön und voll Mut,
Er war schlank von Gestalt
Und von Liebe und Glut
War sein Herze durchwallt.

Wenn der Abendwind bang
Wie ermüdet entschlief
Und die Nachtigall sang
Schon im Rosenhain tief,

Wenn der Mond seinen Schein
Auf die Erde ergoss
Und herab vom Gestein
Still der Wasserfall floss,

Ach, da kam er zu mir
Stets zu Ross, schön und hehr,
Wie ein himmlischer schier
Hold und lieblich war er.

Er beschenkte mich reich
Nicht mit blinkendem Gut,
Nein, er gab mir sogleich
Einen Kuss voller Glut.

Ja, er brachte mir mit
Weder Perlen noch Erz,
Nein, er brachte mir mit
Nur sein liebendes Herz.

Und er zog mich zu sich
An die glühende Brust,
Und dann küsste er mich
Ach, mit Lust, ach, mit Lust!

2.

Mit gesenktem Kopfe
Geht sie still vorbei,
Als wär ihr im Leben
Alles einerlei.

Harmlos schaut sie immer
Nur zur Seite hin,
Doch aus ihren Blicken
Heisse Funken sprühn.

Fragst du dann, warum sie
Dir so weh gethan,
Sagt sie dir mit Lächeln:
„Bin nicht schuld daran!"

Ach, du Schalk, wer Funken,
Spielend um sich weht,
Ist doch schuld am Brande,
Der daraus entsteht!

3.

Wie ein bei Nacht gestohlnes Pferd
Verberge stets die Liebe dein,
Und wird den Leuten sie bekannt,
Wie eine Tote sie bewein!

4.

Du lieber, kleiner Schalk, es ist zwar schwer
Dir nah zu kommen, denn du sträubst dich sehr,
Doch will's das Glück, dass ich dich einmal hab,
Bring deinen Mann ich eiligst auf den Trab.

5.

Ein leichtes Blättchen möcht ich sein
Und mit dem Wind hernieder fliegen,
Und zart berührn die Wange dein
Und dann an deinem Busen liegen.

6.

Woher kommst du, o liebe Maid,
Du wunderschöne Aufgangssonne?
O der, dem du einst zugehörst,
Wird schier vergehn vor Liebeswonne.

7.

Ach, möchte man doch mir und dir
Ein Ackerstück zum Jäten geben,
Dabei ein Wäldchen noch, wo wir
Ein Stündchen könnten glücklich leben!
Ich führte dich ins Dickicht hin,
Wo uns kein Vogel könnt belauschen
Und hört' er uns, so bät ich ihn
Nur nichts den Leuten auszuplauschen.

8.

O Nacht der süssen Wonne,
Halt fern das Licht der Sonne,
Halt fern den Morgenstrahl!
Es ruht in meinen Armen,
An meiner Brust, der warmen,
Mein Schatz zum letztenmal.
Mit dieser Nacht ist aus das Glück
Und nimmer kehrt es mehr zurück.

9.

Einen Stein hob ich mit Mühe auf,
Doch zum Tragen war er mir zu schwer.
Sag mir doch, du liebe, holde Maid,
Wie es kommt, dass ich so hin und her
Ohne Mühe schlepp die Liebe mein,
Die doch schwerer ist als jener Stein!

10.

O Schöne, sag, wer gab dir diese Wangen,
Die lilienweiss und rosenfarbig prangen?
O den beneid ich, der an deiner Brust
Geniessen darf der Liebe süsse Lust,
Der küssen darf dein Antlitz in die Runde
Vom Auge angefangen bis zum Munde!

O Jüngling, sag, wo warst du zu der Zeit,
Da ich noch trug das bunte Jungfernkleid?
    Jetzt hab ich einen Mann,
    Der's aufnimmt ohne Müh'
    Mit fünfzehn deiner Art.
    Drum hüte dich und flieh!

11.

Was schlenderst du denn in den Bergen?
Komm lieber her zu uns ins Thal,
Lass deinen Dudelsack ertönen
Und sing ein Lied nach deiner Wahl!

O nein, ihr lieben, guten Freunde,
Bei euch erwerb ich mir nicht viel,
Schon ist der lustige Fasching nahe,
Wo anders führt mich hin mein Spiel.

Es führt mich hin zu schönen Mädchen,
Zu lauter Freude und Genuss,
Denn für die Lieder, die ich singe,
Erhalt ich manchen süssen Kuss.

12.

Es sprach die junge Ehefrau:
Im Herbste hatt' ich einen Traum,
In Glut zerrann des Himmels Blau
Und Blitze zuckten durch den Raum.
Zur Erde stürzte Stein auf Stein,
Zertrümmernd meines Mannes Haus,
Zur Thüre flog der Sturm herein
Und löschte meine Lampe aus,
Im Garten brach er um mit Wut
Den Baum, den nie ein Sturm gerührt.
O wer spricht's aus, wie weh es thut,
Wenn man den lieben Mann verliert!

13.

Ach, sag zu mir, o Teure: „Ich bin dein!"
Und hell wird's mir im Herz wie Sonnenschein.
Schau, wenn des Lichtes Glanz die Höhn umglüht
Kein Wolkenflor in ihre Nähe zieht.

14.

Bescheiden sei des Weibes Wunsch und Drang
Und seine Rede gleich dem Schwalbensang!
Stark wie ein Fels, wie edles Silber rein
Soll stets das Herz des wackern Mannes sein!

15.

Wie ein Habicht nach der Wachtel
Schau ich immerfort nach dir.
Ach, wenn ich doch wissen könnte,
Was dein Herz dir sagt von mir!

Ach, wie reich an seliger Wonne
Wird für mich die Stunde sein,
Da ich dich, o teures Mädchen,
Schliesse in die Arme mein!

Rein bist du, o schöne Jungfrau,
Und von solchem Glanz geziert
Wie Papier, das noch kein Schreiber
Mit der Feder hat berührt.

Ach, du Teure, meine Liebe,
Die ich dir im Herzen nähr',
Kennt kein Maass und keine Zahlen,
Ist so tief wie's Weltenmeer.

16.

Naschen wollte ich von ihren Reizen,
Denn sie ist so hold und engelschön,
Doch sie wollte es mir nicht erlauben
Und liess mich wie einen Bettler stehn.

Trinken wollte ich, doch keinen Tropfen
Gab das lose, geizige Mädchen mir,
Liess auf mir nur ihre Blicke ruhen,
Die wie Feuerglut mich brannten schier.

Wie ein Knabe wurde ich verlegen,
Wallte auf und wurde feuerrot,
Schlug dabei beschämt die Augen nieder,
Fand kein einzig Wort in meiner Not.

Sie stand da wie eine stumme Blume,
Sagte weder: „geh!" noch „bleibe hier!"
Und ich stand bei ihr wie angekettet.
Ach, der Schalk! welch Unheil bracht er mir!

17.

In meinen Mantel eingehüllt
Verbring ich schlummerlos die Nacht,
Denn Trauer nur mein Herz erfüllt,
Ein Zauber mir im Geiste wacht.

Ich sterbe und nehm mit ins Grab
Die Bilder schöner Mädchen drei.
Der ersten Gott ein Antlitz gab
Schön wie der helle Tag im Mai.

12*

Der zweiten schlanker Körper gleicht
Der Pappel, die des Gartens Pracht
Und vor der dritten Lichtglanz weicht
Die tiefste Dunkelheit der Nacht.

18.

O Berg, lass mich vorbei!
Ich muss hinüber wandern,
Denn dort schwelgt meine Maid
Am Busen eines andern.

19.

Gestorben ist dem Weib der Mann,
Der wie die Nachtigall gesungen.
Drum klagt sie jetzt, doch nicht um ihn,
Nein, um die Lieder, die verklungen.

20.

Ach, du, mein himmelsüsses Kind,
Den Spitzenschleier, weiss wie Schnee,
Hat dir vom Kopf geweht der Wind,
So dass ich frei dein Antlitz seh.

Ach, deines Auges Blitzesstrahl
Zuckt mir durchs Herz gleich Feuerglut,
Und wie zu schwerer Todesqual
Mein Blick auf deinem Antlitz ruht.

21.

Der Mann, den Gott geschaffen hat,
Das Auge von dem Teufel hat.
Sei schön sein Weib wie keins der Welt,
Ihm doch ein fremdes noch gefällt.

22.

Gern möchte ich ein Habicht sein
Um über Felsen hinzuschweben.
Ich holte da gewiss den ein,
Der dich entführt, mein süsses Leben!
Ich will dir kund·thun, was mich plagt,
Wenn ich von dir bedauert werde.
Fort ziehe ich, eh es noch tagt,
Ins Hochgebirg zu meiner Herde.
O möchte sich dein Herz doch regen,
Wenn sie ins kühle Grab mich legen!

23.

Ihr Schönen, hört doch meinen Rat,
Hört aufmerksam mein Liedchen an!
Liebt niemals einen alten Mann!
Die Greise sind der Wonne satt,
Ihr altes Herz ist kalt und leer,
Verlangt nach Liebe längst nicht mehr.

Weicht allen Schmeichlern sorgsam aus,
Lasst keinen Herrn in euer Haus,
Denn leicht Verstellung euch umflicht
Und Reichtum eurer Herz besticht!
Liebt Jünglinge, voll Jugendmut,
Die keusch und unerfahren sind.
Was euch ihr Mund nicht sagt geschwind,
Les't ihr in ihrer Augen Glut.

24.

Wer sagt denn, dass ich fröhlich bin?
Ich singe nicht aus Fröhlichkeit,
Ich sing, weil singend ich verscheuch
Mein altes, schweres Herzeleid.
Wer daran glaubt, dass froh ich bin,
Der nehm doch meinen Frohsinn hin!

25.

Die Schwalbe ist zurückgekehrt
Und kündigt laut den Frühling an.
Mit ihr wird Hoffnung uns bescheert
Und hin ist aller Trauer Wahn.
Im neuen Kleid die Erde prangt,
Erhellt vom heitern Sonnenlicht,
Das Herz vergisst, was es verlangt
Und denkt der frühern Leiden nicht.

26.

Den Schwächling und den Greis
Berauscht gar schnell der Wein.
O zu welch hohem Preis
Kauft ich die Jugend ein,
Wenn feil sie möchte sein!

27.

Den Tod hört man zum Leben sagen:
„Viel Schimpf muss ich von dir ertragen,
Jedoch mein Ohr er nicht besticht
Und deine Drohung schreckt mich nicht:"

28.

Als mich die Lesgier gefangen nahmen,
Es war im Juni, wenn die Kirschen reifen,
Da führten sie mich über hundert Berge
Und ich liess weit umher die Blicke schweifen.
Ich schaute auf der Ebne lange Felder,
Auf die vom Schwarzen Meere Nebel zogen;
Drei Mädchen mähten Gras dort auf der Wiese,
Es waren edle Töchter, gut erzogen.
Sie hielten in den weissen Händen Sicheln,
Hell funkelnde wie echte Diamanten
Und wetzten sie an weissen Marmorsteinen,
Wobei sie Lieder in die Ferne sandten.

Mir war's, als klänge aus dem ewigen Himmel
Der seligen Engel Sang zu mir herüber.
Nie sah ich bei der Feldarbeit die Frauen
Und deshalb war ich so erstaunt darüber.

29.

Klage der Schwiegertochter.

Wenn ich nicht esse, sagst du mir,
Ich leide Hunger für und für.
Und wenn ich esse, nennst du mich
Den schlimmsten Vielfrass sicherlich.
Wenn ich nicht eil, nennst du mich träge,
'nen Wildfang, wenn ich mich nur rege.
Was schlecht, ist gut; was gut, ist schlecht.
Wer macht's der Schwiegermutter recht?

30.

O Petz, sag an, wer von den Mädchen
Am meisten dir zu schaffen machte!
Die Blonde, als sie mich erblickte,
Erschrak und schlich davon ganz sachte.

Jedoch die Schwarze war viel kühner,
Sie rannte wütend mir entgegen
Und in die engste Felsenspalte
Zwängt sie mich ein mit harten Schlägen.

Wo ihre Hand mich nur berührte,
That schmerzlich auf sich eine Wunde,
Die, ob sie gleich geheilt die Ärzte.
Mir weh thut bis zu dieser Stunde.

31.

Erst, wenn das Meer austrocknet
Und sichtbar wird sein Sand,
Erst, wenn der Fisch zu Fusse
Erreicht den Bergesrand.
Erst, wenn der Bruder Langohr
Ein Richteramt erhält,
Das Maultier statt der Füllen
Nur Kinder bringt zur Welt,
  Kehrt vielleicht zurück
  Mein verlornes Glück.

32.

In Kartalinien sind die Äker breit
Und schöner Weizen reichlich dort gedeiht,
Doch sei sein Mehl auch noch so gut und wert,
Es doch dem reichen Gutsherrn nur gehört.

33.

Wie leicht ist's doch ein Edelmann zu sein!
Er stülpt die Mütze auf die Seite fein,
Geht stolzen Schritts auf den Basar hinaus
Und macht dort einen Lärm, dass es ein Graus.

34.

Der Büffel ist ein starkes Tier,
Er trägt mit Kraft sein schweres Joch,
Doch wenn die Not ihn dazu zwingt,
Erträgt er auch ein fremdes noch.

35.

Ein Senne bin ich, ja, der Berge Sohn,
Und mutig sprech ich dir, dem Feinde, Hohn.
O eher stürb ich gerne sieben mal
Als ich mich dir ergeb ein einziges mal.

36.

Zermalmen könnt ich hartes Eisen
Wie Salz mit meinen Zähnen,
Entwurzeln könnt ich hohe Buchen,
Wie Stroh sie an den Felsen lehnen.
Austrinken könnt ich alles Wasser
Der Jora und der Alasan,
Doch mit dem zügellosen Weibe
Ich nimmer fertig werden kann.

37.

Heraklius, der Zweite, sah
Im Schlachtgetümmel einen Krieger,
Der gut bekannt im Heere war
Als unerschrockner Held und Sieger,
Und der doch diesmal müssig stand.
„Was stehst du hier und gehst nicht weiter?"
Rief ihm der tapfre König zu.
„O Herr!" versetzt der wackre Streiter,
„Schau her, mein Schwert ist schon zu kurz,
Es ist zerbrochen in der Mitte!"
Der König drauf: „Geh vorwärts nur
Und länger wird's mit jedem Schritte!"

38.

Murtasa sammelt seine Scharen,
Er ruft um sich ganz Dagestan
Und nimmer ahnend die Gefahren
Ziehn sie hinab zur Alasan.
Dort überfallen sie mit Schreien
Des Hirten Gigo Lagerort,
Und treiben dann in langen Reihen
Des Armen ganze Herde fort.
Sogleich ruft Gigo in die Runde:
„Freund Gregor, schnell dein Schwert umleg,
Denn sieh, die Lesgier, die Hunde,
Sie treiben unsre Herde weg!

Ruf laut um Hilfe, dass es schalle
Durch Berg und Thal ins Pschawerland,
Brüll wie ein Löwe in der Falle,
Schrei furchtbar wie bei einem Brand!"
Sein Schrei dringt hin in weite Auen
Und Pschawiens Söhne hören ihn,
Sie strömen her aus allen Gauen
Und ziehen schnell zu Gigo hin.
Sie ziehen hin mit lautem Singen,
Mit Schwerterklang und Paukenschlag.
O Gott, lass sie den Sieg erringen,
Gieb ihnen Glück an diesem Tag!
Sie ziehen bis zum Berg und schauen,
Dass fürchterlich der Feinde Schar,
Jedoch mit Mut und Gottvertrauen
Gehn sie entgegen der Gefahr.
Bis zum grossen Tschetmahaine
Verfolgen sie den Feind mit Wut,
Und werfen dann wie Kieselsteine
Die Toten in des Giessbachs Flut.
Wir Hirten schnell hinüber eilen
Zu holen das geraubte Gut,
Die andern lang im Kampfe weilen
Und mancher nun im Grabe ruht.
Zurück schon unsre Herden ziehen
Mit lieblich schönem Schellenklang,
Jedoch Murtasa sehn wir fliehen,
Schaut nur, wie seine Beine lang!

39.

Grabschrift der Königin Tamar.

Wie der Vollmond wuchs mein Ruhmesflor,
Bis zum Himmel hob ich's Haupt empor,
Bis zum Eufrat meine Heerschaar ging
Und Tribut ich von Derbent empfing.
Vom Araxes bis zum Pont'schen Meer
Lieh ich allen Völkern Schutz und Wehr,
Und die ich dies alles hab vollbracht,
Steig nun sterbend in des Grabes Nacht.
Einzig blieb mir von der Herrlichkeit
Ein neun Ellen langes Leichenkleid.

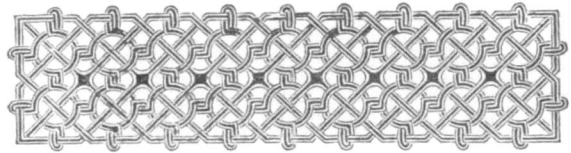

Sinnsprüche

aus der Dichtung

„Der Mann im Tigerfelle"

von

Schota Rustaweli.

※

Dein bleibt, was du dem treuen Freunde schenkest,
Verloren ist, was du für dich bewahrst.

*

Mildthätigkeit lockt den, der fern sich hält
Und kann noch enger den mit uns vereinen,
Der gern sich unserm Willen unterstellt.

*

Gar heilsam ist's von allem sich zu trennen
Für den, den plagt der Liebe Schmerzgefühl.

*

Nicht leicht ist's eine Perle zu erwerben.
Zu hohem Preise muss man sie ersteh'n.

*

O diese lügnerische, falsche Welt
Bringt unaufhörlich Böses nur hervor,
Und was sie nur berührt, das wird erfüllt
Für lange Zeiten mit des Bösen Gift.

*

Wie schmerzlich ist des Glücks Erinnerung!
Die Eiteln leben in den Tag hinein
Von dieser Welt Almosen, aber nie
Bleibt bis zum Ende ihnen treu das Glück.
Lob sei den Weisen, die mit edelm Stolz
Bekämpfen die Verlockungen der Welt!

*

. . . Des Helden höchste Zierde ist
Der Grossmut, den er am Besiegten übt.

*

Gerechtigkeit hat solche Wunderkraft,
Dass dürre Bäume sie ergrünen macht.

*

Vom Missgeschick wird auch der Starke schwach.

*

Einmal zu hören reicht nicht immer hin
Und oft ist es von nöten hundert mal
Das anzuhören, was erspriesslich ist.

*

Fürs Herz des Freundes gieb dein Herz du hin
Und bau' mit seiner Liebe dir den Weg.

*

Wer selber liebt, versteht des andern Schmerz.

*

Dem Wetter unser Erdenschicksal gleicht,
Bald scheint die Sonne, bald braust wild der Sturm
Und Wolken türmen sich am Himmel auf.

*

O selig macht der Liebe Hochgenuss
Und tausendfaches Leid wird dem zu teil,
Dem dieses Erdenglück entrissen wird.

*

So wie die Erde sich in Schatten hüllt,
Wenn dichte Wolken vor die Sonne ziehn,
Wird es auch düster in des Menschen Herz,
Wenn das ihm fehlt, was ihm hier teuer ist.

*

Ein schlimmes Ende ist in dieser Welt
Gar oft des allerbesten Anfangs Grab.

*

O Menschenherz, sei zehnmal du verflucht
Für deine Gier und Unersättlichkeit!
Bald nimmst du alles Leid des Lebens hin,
Bald schwelgst du in der Freuden Hochgenuss.
Blind bist du und gehst nie den Mittelweg.

*

Kein Schmerz und keines Erdenherrschers Macht
Hält dich, o Herz, vom Irrwege zurück.

*

Wenn das Herz tobt, bleibt der Schlummer fern
Und wessen Herz hat jemals denn gehorcht,
Wenn die Vernunft es zur Geduld ermahnt?

*

Die Quelle aller Weisheit ist Geduld.

*

Was mir Genuss bereitet, was mich schmerzt,
Das alles weiss am besten ich allein.

*

Gar oft ist es von Nutzen, wenn man spricht,
Jedoch auch schweres Leid bringt oft das Wort.

*

Ja, unheilvoll ist oft des Menschen Wort,
Mehr schadet seinem Feinde nicht der Feind
Als sich der Mensch oft selber schaden kann.

*

Mehr nützt es, wenn man keinen Diener hat,
Als einen, welcher unzufrieden ist.

*

Was nützt dem Manne aller Edelmut,
Wenn er dort zaudert, wo er handeln soll!

*

Ist denn ein Feigling mehr wert als ein Weib,
Das seine Zeit zubringt am Webestuhl?

*

Den Tod hält auch der schmalste Pfad nicht auf.

*

Vernunft und Wille sind Verbündete,
Die einzeln waltend gar nicht denkbar sind.

*

Ein Mensch, der seinen Willen eingebüsst,
Der hat schon aufgehört ein Mensch zu sein.

*

In fremder Sache ist ein jeder klug.

*

Wer keinen Freund zu finden sich bemüht,
Der ist sich selbst der allerschlimmste Feind.

*

Verbinde nicht den Kopf, wenn er nicht schmerzt
Und reisse nicht vernarbte Wunden auf!

*

. . . Kein wahres Glück giebt es für den,
Der nicht vorher ein Missgeschick erfuhr.

*

Nie ist das Gute von dem Schlimmen frei.

*

Hör' gern den Rat von hundert Menschen an,
Jedoch folg' dem nur, den dein Herz dir giebt!

*

13*

Der Schmerz vernichtet die Geduld.

*

Die Liebe ist nicht leicht und bringt gar oft
Den, dem ins Herz sie dringt, dem Tode nah'.
Sie peinigt den Erfahrenen und macht
Den Unerfahr'nen an Erfahrung reich.

*

Für einst genossene Freuden muss der Mensch
Gar oft vergiessen eine Thränenflut.

*

Ein Thor ist der, der, wenn der Durst ihn quält,
Das Wasser, das ihn retten kann, vergiesst.

*

Gar angenehm ist jedes heitre Wort
Und Nutzen bringt's, wenn man's zu Herzen nimmt,
Denn leichter wird davon der schwerste Gram.

*

Verräterisches Schicksal, sei verflucht,
Weil du bald freigebig, bald geizig bist!

*

O Welt, was bist du, dass du mitleidslos
Uns Menschen wie ein Blatt im Winde drehst?
Von einem End' zum andern treibst du uns,
Hier reisst du unsre Lebenswurzel aus
Und pflanzest sie am andern Ende hin.

*

Leicht zu ertragen ist die Freude nur.

*

Mit Gottes Beistand schlägt ein Stab von Holz
So gut wie jedes scharf geschliffne Schwert.

*

Wer es vermag, der bleib den Weibern fern!
Gefallsüchtig ist jedes Weib und lockt
Den Mann an sich bis er ihr voll vertraut
Und sich ihr hingiebt ganz mit Herz und Sinn.
Doch plötzlich wird sie des Geliebten satt
Und reisst die Liebe mit der Wurzel aus.

*

Mit Herz und Leib giebt sich das Weib dem hin,
Der Liebe und Verlangen in ihm weckt.
Da kennt die Tolle weder Scham noch Zucht,
Kein Opfer scheint ihr gross genug zu sein,
Wenn dieses ihr Befriedigung bescheert.

*

Was wir nicht haben, das verlangen wir
Und was wir haben, das erfreut uns nicht.

*

Dem Krug entfliesst nur das, was er enthält.

*

Ja, ungeheuer ist des Goldes Macht,
Das einst entstanden in der Höllennacht.
Wer an dem Golde hängt, wird nimmer froh,
Denn bis zum Tode peinigt ihn die Gier.
Es kommt und geht und sättigt nimmermehr.

*

Das gleiche bringt nur gleiches stets hervor.

*

Die Langsamkeit, die so verrufen ist,
Taugt mehr als die gepries'ne Schnelligkeit.

Kleine Blütenlese.

Nur der hat wahre Schaffenskraft,
Der ohne Vorbild etwas schafft.

Artschil.

Was kannst du denn ersinnen,
Das ewig fort besteht,
Was kannst du denn erwerben,
Das nie verloren geht?

Derselbe.

Viel Freunde such in jeder Lebenslage,
Jedoch um Rat nur einen einzigen frage!

Derselbe.

Gunst und Liebe
Sind schwache Triebe.

Wachtang VI.

O schrecklich ist der Seele Einsamkeit!
Vor ihr flieht alle Lebensheiterkeit.

Nik. Barataschwili.

Der Vermittler zwischen edeln Feinden ist das Gewissen.

Elias Tschawtschawadse.

Mehr als des schärfsten Schwertes kräftiger Schlag
Die Feder in gerechter Hand vermag.

Derselbe.

Es giebt Zeiten, da wilde Birnen wie süsses Obst munden.

Dawid Guramischwili.

Wer gastfrei ist, gilt dreimal mehr als der tapferste.

Volksspruch.

Anmerkungen.

[1]) Terek, Fluss. Entspringt am Nordabhange des Kaukasus und mündet in den Kaspisee.

[2]) Schleier. Die nationale Kopfbedeckung der Georgierinnen besteht aus einem platten Sammtkäppchen, von welchem ein weisser Spitzenschleier auf die Schultern herab wallt.

[3]) Der Spiessbraten ist in Georgien sehr beliebt und wird auf die einfachste Weise wie zu Zeiten Homers, zu Hause oder in Wald und Feld, zubereitet.

[4]) Die Georgierinnen tragen einen breiten seidenen Gurt, dessen herabhängende Enden die ganze vordere Seite des Kleides bedecken.

[5]) Muschi, Lastträger. Dieselben sind in den Städten an allen Strassenecken anzutreffen. Sie schleppen die schwersten und umfangreichsten Lasten auf einem, über den Rücken hängenden Kissen, wobei sie sich tief zur Erde beugen.

[6]) Heraklius II, vorletzter König von Georgien, geboren im Jahre 1721, gestorben 1798. Derselbe war ein tapferer Feldherr, stand jedoch unter dem Einfluss seiner Gemahlin, der ränkesüchtigen

Daria, die, um dem Prinzen Julon die Thron-
folge zu sichern, die Zwistigkeiten der Parteien
schürte, wodurch das Ansehen des Königs sehr
beeinträchtigt wurde und die inneren Fehden
immer mehr überhand nahmen.

[7]) Goktschasee auch Sewanga genannt. Der grösste
See in Kaukasien, liegt 6345 Fuss über dem
Meeresspiegel. Seine Länge beträgt 67 Werst,
seine grösste Breite 30 Werst, sein Flächenraum
1200 ⸤⸣ Werst. (E. Weidenbaum, Führer durch
den Kaukasus, Tiflis, 1888, russisch.)

[8]) Augen.

[9]) Brüste.

[10]) Saiteninstrument, welches wie die Mandoline
gespielt wird.

[11]) Aragwa, Fluss. Entspringt auf dem Südabhange
des Kaukasus und mündet bei Mzchet in den
Kur.

[12]) Schlauch. Der Wein wird in Georgien auch heute
noch vielfach in Lederschläuchen versandt und
teilweise auch aufbewahrt.

[13]) Mta zminda (heiliger Berg), Berg bei Tiflis, auf
dessen halber Höhe sich eine viel besuchte Kirche
befindet. Von seinen felsigen, spärlich mit
Bäumen bepflanzten Terrassen geniesst man eine
entzückende Aussicht auf Tiflis und seine nächste
Umgegend.

[14]) Alasan, Nebenfluss des Kur. Das Alasanthal
oder eigentlich Kachetien zieht sich an dem
hier fast steil abfallenden hohen Kaukasus hin
und hat eine Länge von ungefähr 100, eine

Breite von 20—40 Kilometern. Diese wonnig
schöne, grüne Ebene gehört zu den reizendsten
Gegenden Hinterkaukasiens und ist berühmt durch
ihren köstlichen Wein, den schon Bodenstedt in
den Liedern des Mirza Schaffy besang.

[15]) Kasbek (georgisch Mkinwari), Berg im hohen
Kaukasus, hat eine Höhe von 16,546 Fuss und
gehört zu den höchsten Gipfeln dieser mächtigen
Gebirgskette.

[16]) Kur (georgisch Mtkwari), der grösste Fluss in
Hinterkaukasien, entspringt auf der über 6000 Fuss
hohen Hochebene Göl zwischen Ardagan und
Kars und mündet nach einem über 1000 Werst.
langen Lauf in den Kaspisee.

[17]) Kartalinien (georgisch Kartli) bildet gegenwärtig
einen Teil des Gouvernments Tiflis. Der grösste
Teil dieser Provinz ist gebirgig und hat ein
ziemlich rauhes Klima. Die Gegenden am Kur,
in der Nähe von Tiflis, sind felsig und arm an
Waldungen, während das Oberland eine üppige
Pflanzenwelt besitzt.

[18]) Imeretien (georgisch Imereti) liegt im westlichen
Teile Georgiens und unterscheidet sich vom öst-
lichen Teile sowohl durch sein milderes Klima
als auch durch seine üppige Pflanzenwelt.

[19]) Mingrelien (georgisch Ssamegrelo), das eigentliche Kolchis der Alten, dehnt sich von Imeretien
bis ans Schwarze Meer aus. Die Küstengegenden
am Unterlauf des Rion sind sumpfig und ungesund.

[20]) Gurien ist ein malerisches Gebirgsland und umfasst den Kreis Osurgeti, unweit des Schwarzen

Meeres. Sowohl die Imeretier als auch die Gurier zeichnen sich durch schlanken, hohen Wuchs und feine Gesichtsbildung aus. Die Frauen sind oft schön, die Gurierinnen besonders elegant in Haltung und Manieren, zart und begabt.

[21]) Kinto, Tifliser Strassentypus. Mit „Kinto" bezeichnet man zunächst die Hausierer, meistens Obsthändler und auch die Kleinhändler auf den Basars. Viele von ihnen sind Witzbolde und im allgemeinen launige, heitere Gesellen, von denen man viele lustige Streiche zu erzählen weiss.

[22]) Gelati, sehr altes, berühmtes Kloster in Imeretien, unweit von Kutais, liegt in einer reizenden Gebirgsgegend. Vom Balkon des Klosters geniesst man eine unbeschreiblich schöne Fernsicht auf die üppig grüne Rionebene, die sich bis ans Schwarze Meer hinzieht.

[23]) David III, georgischer König, regierte von 1089 bis 1150.

[24]) Chewsurien, kleiner Gau im Hochlande, am Oberlauf der Aragwa. Das Ländchen ist stellenweise ganz unzugänglich. Seine Bewohner, deren Kopfzahl wenig mehr als 6000 beträgt, sprechen einen von der georgischen Litteratursprache wenig abweichenden Dialekt, sind mutig und ausdauernd und besitzen einen reichen Schatz von Volksliedern, die teilweise von Niko Chisanaschwili, einem eifrigen Etnographen, gesammelt und herausgegeben wurden.

²⁵) Bei den Pschawen, einem im Hochgebirge am
Oberlauf der Aragwa wohnenden georgischen
Stamme war es früher Sitte Verstorbenen ihr
Schwert oder ihr Dolchmesser unter das Haupt
zu legen. Es war dies eine Ehrenbezeugung,
die nur denjenigen versagt wurde, die sich durch
irgend eine Schandthat entehrt hatten. Solche
durften auch die Jungfrauen nicht beweinen und
wie das Volk glaubte, stürzte ihr Pferd auf der
Reise ins Jenseits.

²⁶) Bis zur Niederwerfung Schamyls im Jahre 1859
unternahmen die Lesgier sehr häufig Raubzüge
nach Georgien und führten nicht nur grosse
Herden Vieh, sondern auch Weiber und Mädchen
weg.

²⁷) Jora, Nebenfluss des Kur.

Inhalts-Verzeichnis.

Alexander Tschawtschawadse.

Nikolaus Barataschwili.

Elias Tschawtschawadse.

Akaki Zereteli.

Wachtang Orbeliani.

Rafael Eristawi.

Lukas Rasikaschwili.

Nikolaus Rasikaschwili.